# 田径竞赛

## 裁判规则问答

**TIANJING JINGSAI**
**CAIPAN GUIZE WENDA**

肖红青⊙主编

西南交通大学出版社
·成 都·

图书在版编目（CIP）数据

田径竞赛裁判规则问答 / 肖红青主编. —成都：
西南交通大学出版社，2013.1（2015.8 重印）
ISBN 978-7-5643-2140-6

Ⅰ. ①田… Ⅱ. ①肖… Ⅲ. ①田径运动－运动竞赛－
裁判法－问题解答 Ⅳ. ①G820.4-44

中国版本图书馆 CIP 数据核字（2013）第 000893 号

## 田径竞赛裁判规则问答

### 肖红青　主编

| | |
|---|---|
| 责 任 编 辑 | 吴　迪 |
| 特 邀 编 辑 | 吴明建 |
| 封 面 设 计 | 墨创文化 |
| 出 版 发 行 | 西南交通大学出版社 |
| | （四川省成都市金牛区交大路 146 号） |
| 发 行 部 电 话 | 028-87600564　028-87600533 |
| 邮 政 编 码 | 610031 |
| 网　　　址 | http://www.xnjdcbs.com |
| 印　　　刷 | 成都蓉军广告印务有限责任公司 |
| 成 品 尺 寸 | 146 mm × 208 mm |
| 印　　　张 | 5.625 |
| 字　　　数 | 155 千字 |
| 版　　　次 | 2013 年 1 月第 1 版 |
| 印　　　次 | 2015 年 8 月第 3 次 |
| 书　　　号 | ISBN 978-7-5643-2140-6 |
| 定　　　价 | 16.00 元 |

# 前　言

组织田径运动竞赛是一项复杂的社会工作和系统工程,涉及的单位及部门较多,工作难度和强度也相对较大。因此,合理地组织田径运动竞赛不仅是圆满完成田径竞赛组织工作的保证,亦是衡量组织者组织管理水平的标志。

竞赛不能没有裁判。田径运动会规模大、组别多、项目多,裁判员的需求量大,少则几十人,多则几百人。因此,要让更多的人熟知、掌握、精通田径规则和裁判方法,使他们在各类级别的田径竞赛活动中充当主力军。

本书在最新出版的国际田联竞赛规则手册的基础上,结合各类田径运动会中竞赛组织的成功经验和教训,遵循我国田径裁判工作传统分工方法,融田径规则和裁判法于一体,集科学性、实用性、知识性于一身,所设计的问题具有很强的针对性。它可以作为体育爱好者的工具书,也可以作为体育专业的田径辅助教材。

参加本书编写工作的有:吉首大学体育学院的唐丽、周道平、吴永海、周国龙、李政洪、梁红。肖红青副教授对全书进行了统稿和修改。

编者在编写过程中,参引了有关论著的论述和数据,在此谨向引文的原作者深表谢意。

由于编者水平有限,加上编写时间较紧,错误和不足之处在所难免,恳请批评指正,不胜感激之至!

编　者

2012 年 7 月

# 目　录

# 第一章　运动会、办事机构及工作人员

## 1. 运动会分哪些类别？

答：田径运动会分国际和国内两类比赛。

国际比赛：

（1）奥运会、世界锦标赛、世界杯赛。

（2）国际田联单独管辖（只设田径项目），地区会员均可参加的洲际、地区或区域锦标赛和杯赛。

（3）国际田联无单独管辖权的小组或地区运动会。

（4）洲、地区或区域性杯赛和年龄组比赛。

（5）两个或两个以上会员之间或几个会员联合举办的对抗赛、俱乐部杯赛。

（6）国际田联特许的国际邀请赛。

（7）地区小组协会特批的国际邀请赛。

（8）由会员特批的，外国运动员可以参加的比赛。

国内比赛：

（1）全国运动会、全国城市运动会、国家体育局或中国田协主办的国内或国际比赛。

（2）全国工人运动会、农民运动会、全军运动会、大学生运动会、中学生运动会、少数民族运动会、体育院校田径赛。

（3）中国田协特许或审批的田径比赛。

（4）各省、自治区、直辖市、计划单列城市各行业体协、各直属体育院校的田径赛，以及上述单位举办的邀请赛。

（5）地市级田径比赛。

（6）县（市）及县（市）级以下的田径比赛。

## 2. 筹办运动会是否应设办事机构？

**答**：运动会的组织与实施，是一项细致而又复杂的"系统工程"，应成立一定的办事机构，并配备一定数量、精明强干的行政管理人员。基层比赛，可设筹备小组，各组设专人分管会务、宣传、竞赛、奖品等工作。大型运动会，可参照图 1.1 酌情设立办事机构。

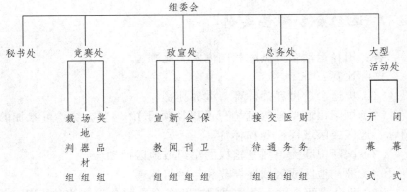

**图 1.1　运动会办事机构**

## 3. 大型运动会由谁指派官员？他们有何权限？

**答**：凡在我国举办国际 a、b 类运动会，由国际上指派下列八种官员：

（1）组织代表。始终与组委会密切联系，定期向国际田联理事会提交报告。必要时与技术代表合作，处理大会组织者和组委会的有关职责及经济责任问题。

（2）技术代表。在组委会领导下与组织代表协作，共同保证全部技术性安排完全符合国际田联规则的规定。他对必要的技术性准备负有责任；向相应组织提交竞赛日程、报名标准和比赛器材的建议。决定田赛项目及格赛标准和径赛项目的赛次、录取原则以及安排全能比赛的录取赛次和组次；赛前适当时间向所有参加会员发送技术性规程。

（3）医务代表。他对整个医务工作具有最高权威。他与组委会联系，保证医务检查和治疗有足够、适用的器材设备，以保证赛场紧急治疗和为运动员住地服务。

（4）兴奋剂检查代表。他与组委会建立联系，与医务代表协作，负责兴奋剂检查事宜，保证为兴奋剂检查提供适当的便利条件。

（5）国际技术官员/地区技术官员。技术代表应为竞赛日程中每次比赛指派一名国际技术官员。他应对该项主裁判提供一切必要的支持。比赛中必须到场，保证比赛完全符合国际规则；他对项目的进行不得有任何干预，如发现问题，首先向该项主裁判提出或进行劝告，如不能解决，则向国际田联技术代表报告；比赛结束，应在成绩表上签名。

（6）国际竞走裁判。必须执行国际田联有关竞走的各项规定。

（7）国际终点摄影裁判。凡举办国际 a、b 两类比赛，人选由国际田联或有关地区任命。其权力是监督所有终点摄影工作的运转。

（8）仲裁组和一名秘书。凡举办国际 a、c 类比赛，应任命一个仲裁组和一名秘书。仲裁组由 3、5 人或 7 人组成，其中 1 人为秘书。其权限是处理各项抗议，并作出裁决。他的裁决为最终裁决。凡对规则未涉及的问题作出裁决，事后应报告国际田联秘书长。

举办国内 a 类比赛，应指派上述（1）～（8）相应的官员；举办 b、c 两类比赛，由中国田协指派技术代表、技术官员和竞走裁判员及终点摄影裁判员。

## 4. 运动会主要管理人员有哪些职责？

**答**：大型运动会必须设如下管理人员，但组委会可以根据当地情况作适当变动。

（1）竞赛主任 1 人。他与技术代表共同计划比赛的技术组织，确保在有关场合下完成这项计划，并与技术代表共同解决任何技术问题；指挥全体工作人员相互配合，并通过通讯系统与所有工作人员保持联系。

（2）行政主任1人。负责运动会的正常进程，检查所有已报到就职的工作人员，必要时任命替补人员，有权撤换任何不遵守规则的工作人员；他与场地指挥员配合，只安排经批准的人员停留在比赛场内；他负责所有有关委员会会议的召开和记录，并负责包括通讯联系在内的所有管理的安排。

（3）技术主任1人。在组委会领导下，保证跑道、助跑道、投掷圈、投掷弧、投掷区等场地和一切器材设备符合国际田联规则；准备记录卡片和成绩表。

（4）技术代表1人或多人。其职责同第3题（2）。

（5）仲裁组与秘书。其职责同第3题（8）。

（6）比赛现场指挥员1人。协调指挥各项比赛的进程，掌握发奖仪式的进行，控制大屏幕显示和宣告组的宣告。

## 5. 裁判员守则包括哪些内容?

**答**：守则包括六个方面：

（1）拥护中国共产党、热爱社会主义祖国、热爱体育事业、热心体育竞赛裁判工作。

（2）努力钻研业务，精通本项规则和裁判法，积极参加实践，不断提高业务水平。

（3）严格履行裁判员职责，做到严肃、认真、公正、准确。

（4）作风正派，不徇私情，坚持原则，敢于同不良倾向作斗争。

（5）裁判员之间互相学习，互相支持，加强团结，不搞宗派活动。

（6）服从领导，遵守纪律，执行任务时精神饱满，服装整洁，仪表大方。

## 6. 裁判工作人员须做到些什么?

**答**：裁判工作人员须做到四点：

（1）认真学习规则和裁判法，加强岗位责任制。

（2）执行裁判工作时，要严肃认真、公正准确、谦虚谨慎、团结协作。

（3）裁判员和工作人员均应佩戴臂章或标志，以资识别。

（4）除执行裁判任务外，均不得在场内停留。

### 7. 裁判员的编制、分工与职责是什么？

**答**：1）编制。

筹办运动会，应根据其类别、规模和实际情况需要以及我国传统分工习惯设立裁判组。大、中型运动会裁判员编制不得少于 100 名，基层运动会可适当减少，但须保证计时员的数量。

2）分工与职责。

（1）总裁判 1 人。总裁判受组委会的领导，直接对竞赛委员会主任负责。其职责归结如下：

① 赛前了解竞赛规程、场地器材设施、竞赛日程安排、裁判队伍组成。

② 组织领导大会裁判工作。

③ 与技术代表协作，掌握比赛进程，根据规则解决比赛中的有关问题。

④ 当裁判长的判定不一致时，可作最后裁定。

⑤ 有权警告、取消运动员的比赛资格和取录资格。

⑥ 亲临或委派他人到破纪录的现场审核成绩并签字。

⑦ 宣布比赛结果。

⑧ 组织各裁判组总结。

（2）副总裁判 1~2 人（分管径赛和田赛）。

① 协助总裁判工作，当总裁判缺席时代理其职务。

② 负责场地器材设施的检查与核实。

③ 检查、督促、调动或调整裁判员的工作。

（3）径赛裁判长 1 人或 1 人以上

① 组织领导赛前、赛后控制中心、终点、计时、检查各组主裁

判和发令员、径赛风速测量员以及全体径赛裁判员进行工作。

② 统一径赛各组之间的联络方式、单据走向和长跑比赛终点计时记圈方法。

③ 检查、核实径赛场地器材设施。

④ 掌握径赛比赛进程，解决径赛有关问题。

⑤ 有权警告、取消径赛运动员的比赛资格或录取资格。

⑥ 审核径赛每组比赛的名次和成绩并签名。

如设两名径赛裁判长，一人在终点记录处审核名次和成绩，另一人游动，检查处理径赛的有关问题。

（4）田赛裁判长1人或1人以上。

① 组织领导田赛裁判员和田赛风速测量员进行工作。

② 组织各组统一裁判方法，审核跳高、撑竿跳高的起跳高度和每轮升高计划。

③ 检查、审核田赛场地器材设施。

④ 掌握田赛的比赛进程，解决田赛有关问题。

⑤ 有权警告、取消田赛运动员的比赛资格或录取资格。

⑥ 审核成绩，签名后请技术官员签名。

（5）全能裁判长1人或多人。他具有全能比赛进程的裁判权。但径赛和田赛项目裁判长应分别保留对全能中各个单项的裁判权。

（6）外场裁判长（赛跑或竞走）1人。负责外场项目裁判工作，但对竞走主裁判职责范围内的事无权管辖。

（7）其余主裁判和裁判员的编制、分工与职责归列到相应裁判组中阐述。

# 第二章　编排记录公告组

## 8. 编排记录公告组裁判员编制、分工与职责是怎样的？

答：（1）编排。主裁判 1~2 人，裁判员 6~7 人。

（2）分工与职责。

主裁判　负责编制秩序册和成绩册全过程。

裁判员　审核报名表、编排竞赛分组表，编制竞赛日程表和秩序册；现场审核成绩和继赛次分组；统计各项数据并记录公告；编制成绩册。

## 9. 竞赛规程包括哪些内容？

答：主要包括：运动会的目的（宗旨）；比赛时间和地点；参加单位及组别；竞赛项目；参加办法；报名手续及报名截止日期；竞赛办法；录取名次，计分、奖励、处罚办法；其他未经事宜，由组委会与承办单位书面通知为准。

## 10. 编排记录公告组赛前应做些什么？

答：主要有以下 7 个方面的工作：

（1）认真学习大会文件和竞赛规程。

（2）了解情况：运动会天数、每项可报名人数、报名人数、比赛办法、录取办法、奖励办法、处罚办法；场地（跑道直、弯道条数，跳投场地数量、质量、方向）；器材（数量与规格）；裁判队伍结构、级别与业务能力等（见表 2.1）。

表 2.1　径赛项目赛次、分组与录取组参照表

**100米、200米、400米、100米栏、110米栏**

| 项目 | 报名人数 | 第一赛次 组数 | 第一赛次 人数按成绩 | 第二赛次 组数 | 第二赛次 人数按成绩 | 第三赛次 组数 | 第三赛次 人数按成绩 |
|---|---|---|---|---|---|---|---|
| 100米 | 9~16 | 2 | 3 | | | | |
| 200米 | 17~24 | 3 | 2 | | | | |
| 400米 | 25~32 | 4 | 2 | 2 | 4 | | |
| 100米栏 | 33~40 | 5 | 4 | 3 | 4 | 2 | 4 |
| 110米栏 | 41~48 | 6 | 4 | 4 | 4 | 2 | 4 |
| | 49~56 | 7 | 4 | 4 | 4 | 2 | 4 |
| | 57~64 | 8 | 3 | 4 | 4 | 2 | 4 |
| | 65~72 | 9 | 3 | 5 | 4 | 2 | 4 |
| | 73~80 | 10 | 3 | 5 | 2 | 2 | 4 |
| | 81~88 | 11 | 7 | 5 | 2 | 2 | 4 |
| | 89~96 | 12 | 4 | 6 | 2 | 2 | 4 |
| | 97~104 | 13 | 9 | 6 | 2 | 2 | 4 |
| | 105~112 | 14 | 6 | 6 | 2 | 2 | 4 |

**400米栏、800米、4×400米接力、4×400米接力**

| 项目 | 报名人数 | 第一赛次 组数 | 第一赛次 人数按成绩 | 第二赛次 组数 | 第二赛次 人数按名次 | 第三赛次 组数 | 第三赛次 人数按 |
|---|---|---|---|---|---|---|---|
| 400米栏 | 9~16 | 2 | 3 | | | | |
| 800米 | 17~24 | 3 | 2 | | | | |
| 4×400米接力 | 25~32 | 4 | 3 | 2 | 3 | | |
| 4×400米接力 | 33~40 | 5 | 2 | 2 | 3 | | |
| | 41~48 | 6 | 2 | 2 | 3 | | |
| | 49~56 | 7 | 2 | 3 | 2 | | |
| | 57~64 | 8 | 8 | 3 | 2 | | |
| | 65~72 | 9 | 2 | 4 | 4 | | |
| | 73~80 | 10 | 7 | 4 | 4 | 2 | 4 |
| | 81~88 | 11 | 4 | 5 | 1 | 2 | 4 |
| | 89~96 | 12 | 9 | 5 | 1 | 2 | 4 |
| | 97~104 | 13 | 9 | 6 | 4 | 2 | 4 |
| | 105~102 | 14 | 6 | 6 | 4 | 2 | 4 |

**1500米、3000米、3000米障碍、5000米、10000米**

| 项目 | 报名人数 | 第一赛次 组数 | 第一赛次 人数按名次 | 第二赛次 组数 | 第二赛次 人数按名次 | 第三赛次 人数按人数 |
|---|---|---|---|---|---|---|
| 1500米 | 16~24 | 2 | 4 | | | |
| | 25~36 | 3 | 6 | | | |
| | 37~48 | 4 | 5 | 2 | 5 | |
| | 49~60 | 5 | 4 | 2 | 5 | |
| | 61~72 | 6 | 3 | 2 | 5 | |
| 3000米 | 16~30 | 2 | 4 | | | |
| | 31~45 | 3 | 6 | 2 | 5 | |
| | 46~60 | 4 | 5 | 2 | 5 | |
| 3000米障碍 | 61~75 | 5 | 5 | 2 | 5 | |
| | 20~38 | 3 | 5 | | | |
| 5000米 | 39~57 | 3 | 8 | 2 | 6 | 3 |
| | 58~76 | 4 | 6 | 2 | 6 | 3 |
| | 77~79 | 5 | 5 | 2 | 6 | 3 |
| 10000米 | 28~54 | 2 | 8 | | | |
| | 55~81 | 3 | 5 | | | |
| | 82~108 | 4 | 4 | | | |

8

（3）准备文具、成绩记录卡片（后称卡片）和成绩记录表（后称记录表）。

（4）按规程审核报名表。报名表格式见附表2.1。

（5）编排号码：单位编号—国际大赛按参加国国名第一个英语字母为序，国内各类比赛以大会规定顺序或报名顺序编排；运动员编号—按大会指定顺序或其所在单位排列顺序均可。

（6）统计各项数据：各单位领队、教练、队医、工作人员、运动员（男女）人数；运动员年龄、身高、体重；运动员技术等级；各项报名人数；兼项人数等。统计表格式见附表2、3、4。

（7）填写、核对卡片和记录表：径赛单项每项每人填一张，接力项目每队填一张，全能每人填一张。卡片上填上运动员的单位、姓名、号码、最近成绩、全国纪录。男女用不同颜色的卡片；田赛各项记录表按抽签排定顺序填写。卡片和记录表格式见附表5~12。

## *11. 径赛项目怎样分组？*

**答**：径赛项目如报名人数太多，不能一次性决赛时，建议用表2.1确定的各赛次的组数和录取方法进行编排为好。也可以照附表13拟定分组计划。

第一赛次后，按下列顺序挑选运动员进行后继赛次编排分组。

（1）从100米到包括400米在内的各项赛跑以及4×400米以下的各项接力，应根据运动员在前一赛次的名次和成绩进行筛选，录取顺序如下：

各组的第一名，按成绩顺序录取：

最快的第一名

次快的第一名

第3快的第一名

各组的第2名，按成绩顺序录取：

最快的第二名

次快的第二名

第 3 快的第二名等

最后可按下列顺序录取：

按成绩录取的最快者

按成绩录取的次快者

按成绩录取的第 3 快者等。

然后按蛇形分布的编排顺序，将运动员编入各个组次，例如，录取 24 名分 3 个组应该以下方法编排：

| A | 1 | 6 | 7 | 12 | 13 | 18 | 19 | 24 |
| B | 2 | 5 | 8 | 11 | 14 | 17 | 20 | 23 |
| C | 3 | 4 | 9 | 10 | 15 | 16 | 21 | 22 |

A、B、C 三组的比赛顺序抽签排定。

（2）其他各项目的编排应继续使用原始成绩，只有在前面赛次中将成绩提高者方可调整。

分组赛编排时，尽可能考虑到所有运动员的成绩资料。抽签排定的分组赛，一般应使成绩好的运动员均能进入决赛。

基层运动会，报名单上没注明成绩时，可按下列三条原则进行编排：

（1）每组人数尽量相等。

（2）同一单位参加同项目者，尽量不分在一组。

（3）1 500 米以上的径赛项目，每组最好 15 人，最多不超过 25 人。

## 12. 怎样确定径赛项目各组的比赛顺序？

答：由技术代表或其指定的委托人和编排组主裁判及全体编排记录公告组裁判员共同抽签排定各组比赛的先后顺序。

## 13. 运动员的道次或起跑位置如何排定？

答：第 1 赛次，由技术代表或其指定的委托人、编排主裁判及编排记录公告组全体裁判抽签排定。

后继赛次，应根据前一赛次运动员的成绩优劣进行排列，然后分3次抽签排定道次。

应根据规则第166条3（1），800 m按166条3（2）规定的程序在每一个赛次之后对运动员排序。

（1）选择前4名的运动员或队，排定3、4、5、6道次。

（2）选择5、6名的运动员或队，排定7、8道次。

（3）选择排列后两名运动员或队抽签排定1、2道次。

不足8条分道时，仍应遵循经必要修订后的上述方法。

起跑时运动员过多，第1排排不下时，应按国家（单位）抽签决定起跑位置。每个国家（单位）的运动员按抽签决定的顺序排成一路纵队。

## 14. 怎样确定田赛各项目的比赛顺序？

答：由技术代表或其指定的委托人和编排组主裁判及全体编排记录公告组裁判员共同抽签排定各组比赛的先后顺序。

## 15. 编排竞赛日程应遵循什么原则？

答：（1）在某一赛次最后1组至下一赛次第1组开始或至某项决赛开始之间，应给予最少的间隔时间（请阅31题）。

（2）根据兼项的规律，减少兼项冲突，可将某些性质相近的项目错开编排，例如，100米和200米，200米和400米，100米、200米和100米接力，400米和400米栏，400米、400米栏和800米栏及4×400米接力，5 000米和10 000米，跳远和三级跳远，等等。

（3）性质相近的项目，注意先易后难原则，如先100米后200米，先5 000米后10 000米，先跳远后三级跳远，先铅球后铁饼，等等。

（4）径赛不同组别的同一项目，衔接进行，有助于场地器材布置和起终点工作安排。

（5）跨栏项目应安排在每单元开始或长跑比赛之后，有助节约摆、撤栏时间。

（6）200米以下的径赛项目，一天内结束1项，例如，110米栏，上午预赛，下午进行复赛和决赛。

（7）不同组别的同一田赛项目，不能安排在同一场地；长、短投项目亦应交叉安排。

（8）决赛项目和精彩的项目，应穿插各单元中。

（9）田赛项目比赛，场地布局力求合理，不要集中一侧一端，应照顾全场观众。

（10）撑竿跳高比赛力争排在上午第1项，保证有充裕的时间。

（11）每单元力求使径赛和田赛同时结束比赛。

（12）最后一个单元的最后1项，应安排接力项目，以便活跃全场的气氛和观众的情绪。

## *16. 编排竞赛日程如何估算时间？*

答：（1）竞赛时间 = 大会总时间 – 开、闭幕式时间。

（2）估算各项所需时间应考虑以下因素：运动员实际水平，裁判员业务能力和工作程序熟练程度，场地条件和工作人员熟悉业务程度，长跑、跨栏跑、接力跑必要的组织时间和起点裁判工作人员转移所必需的时间。

（3）各项所需时间可参照表2.2进行编排。

表 2.2　各项目竞赛时间估算参照表

| 竞赛项目 | 每组约需时间 | 田赛项目 | 每组所需时间 |
|---|---|---|---|
| 100 米、200 米 400 米 | 4′～5′ | 跳远、三级跳远、铅球 | 3′×（总人数＋8） |
| 800 米 | 6′～8′ | 掷铁饼 | 4′×（总人数＋8） |
| 跨　　栏 | 5′～10′ | 掷标枪 | 5′×（总人数＋8） |
| 1 500 米、接力跑 | 8′～10′ | 掷链球 | 6′×（总人数＋8） |

续表 2.2

| 竞赛项目 | 每组约需时间 | 田赛项目 | 每组所需时间 |
|---|---|---|---|
| 3 000 米、3 000 米障碍 | 15′~20′ | 跳　高 | 8′×总人数 |
| 5 000 米 | 20′~25′ | 撑竿跳高 | 14′×总人数 |
| 10 000 米、5 公里竞走 | 40′~45′ | | |
| 10 公里竞走 | 70′~75′ | | |
| 20 公里竞走 | 120′~130′ | | |
| 马拉松 | 半　天 | | |

## 17. 编排竞赛日程的基本方法是什么?

**答**：在参阅、借鉴上届或类似运动会的竞赛日程的基础上，再按以下步骤进行编排。第 1 步，根据各项目报名人数和径赛项目计划赛次，制作、填写、核对小硬纸片，例如：

| | | | | |
|---|---|---|---|---|
| 男 | 100 米 | 预赛 39 人 | 5 组 | 25′ |

| | | | | |
|---|---|---|---|---|
| 女 | 铅球 | 预决赛 16 人 | 1 组 | 56′ |

第 2 步，在宽大的桌面上排列小硬纸片。

编制竞赛日程（排列小硬纸片）过程应注意三点：

① 先以全能项目为主线，再径赛项目，最后田赛项目，并考虑兼项的规律。

② 径赛先多赛次的短距离项目，后跨栏项目，然后再排其他项目。

③ 开闭幕式单元，多排破纪录和决赛、接力等精彩项目或表演项目。

第 3 步，认真检查、核对、调整已编制的竞赛日程。凡要调整、移动小硬纸片都应仔细推敲后进行，切记不可轻易挪动。

第 4 步，抄写已经调整好的竞赛日程。

竞赛日程应随报名表一并发至参加单位（基层运动会事先公布），以便教练员安排训练计划。

### 18. 秩序册主要包括哪些内容？

**答**：① 有特色而又精美的封面；② 有关人士题词；③ 目录；④ 竞赛规程；⑤ 大会组织机构名单；⑥ 仲裁组和秘书及技术代表名单；⑦ 裁判员名单；⑧ 开幕式、闭幕式程序；⑨ 大会作息时间表；⑩ 各单位参加人数统计表；⑪ 各项参加人数统计表；⑫ 兼项人数统计表；⑬ 各代表团（队）名单（格式见附表 14）；⑭ 竞赛日程表；⑮ 竞赛分组表；⑯ 男女最高纪录表；⑰ 注意事项和要求；⑱ 场地平面示意图。

基层运动会秩序册内容可酌情减少，但运动员姓名号码对照、竞赛日程表、竞赛分组表，三者绝不可少。

### 19. 编排记录公告组编完秩序册后还须做些什么？

**答**：（1）按单位分发号码布、秩序册和补充通知。

（2）绘制、填写各种卡片和表格。

（3）按竞赛日程表的顺序，将卡片和记录表分袋装好，并注明单元日期，以便签发。

（4）选择、布置比赛成绩公告栏。

（5）选择、布置比赛期间的工作地点。

（6）准备文具用品及空白卡片和记录表。

### 20. 比赛期间记录公告如何分工？

**答**：有两种分工方法：其一，按工作性质分成总记录组和临场编排组，成绩公告和成绩公报组；其二，按组别分成男子组、女子组和全能组，另设专人管成绩公告和成绩公报。

比赛现场其职责（以第一种分工方法为例）：

（1）总记录组和临场编排组：① 收到竞赛卡片或记录表后实行三查，即一查卡片成绩有无漏洞，二查终点名次与计时成绩是否一致，三查有无破纪录、超风速或犯规及有关裁判长和技术官签名。如查出问题，请有关裁判长处理。② 预赛成绩三查无误，按规定的录取办法，录取下一赛次人选，进行分组，并按12题和13题所答，抽签排定各组比赛的先后顺序和运动员的道次或起跑位置。③ 复写后继续赛次分组表5~7份，分别送宣告组、赛前控制中心、成绩公告、张贴各一份，自留一份。收到决赛成绩，三查无误后，立即复写或打印成绩公告表5~7份，分别送宣告、公告、张贴、发奖组各一份，自留一份。

（2）成绩公告和成绩公报组：① 收到决赛成绩公告表后，立即将运动员的号码、单位、姓名、名次和成绩（得分）及破纪录情况，准确地填入单项名次记录表和团体总分记录表（格式见附表15）。② 如条件允许，应该每单元比赛成绩分项目、按成绩优劣顺序打印，并发至有关部门、参赛单位和各组主裁判以上的裁判长。

## 21. 比赛结束编排记录公告组还应做哪些工作？

答：（1）迅速、准确地计算团体总分、破纪录项目与人次，供总裁判宣布比赛结果。

（2）编制大会成绩册（基层运动会可免）。成绩册主要内容包括：破纪录项目和人次以及运动员姓名、单位；团体总分表，男、女团体总分表；单项成绩表（先男后女，项目先径赛后田赛再全能）。

（3）将大会文件、资料分类分项整理、包装交主办单位存档。

## 22. 采用计算机编排，赛前应做哪些准备？

答（1）准备器材设备，如计算机、汉卡、打印机、打印蜡纸、复印机和复印纸等。

（2）设计和选择程序软件。软件应具有多功能、汉英两用，且操作简便、快捷准确。就运动会而言，它应有如下功能：① 能输入各种数据、资料，例如，报名表和各项数据统计、资格审查、各项分组、竞赛日程、秩序册、记录表、全能评分表和现场各种数据、信息资料，等等。② 能快速修正数据、信息资料。③ 能迅速查询各种数据、信息资料。

（3）选择、布置比赛现场工作地点。房间面积较大，有电源，能方便、快速地与终点和宣告联络。

（4）与有关裁判组商定联络方式，卡片、表单走向等事宜。

## 23. 使用计算机如何进行现场记录公告？

答：（1）裁判员分工与职责。

主裁判 1 人　全面负责并协调组内外关系。

外场裁判员 1～3 人　职责：收集资料，如成绩报告表、卡片、检查员报告表、风速、温度、湿度、气压等交内场裁判员；核实径赛成绩。

内场裁判员 1～3 人　职责：审核成绩（得分），进行后继赛次的编排，录取名次，计算团体总分与名次，统计破纪录项目、人次与奖牌等。

计算机操作人员 1～2 人　职责是将内场裁判员提供的各项成绩、资料经计算处理后，打印成绩公报，并传送至有关部门和裁判组及参赛单位。

（2）工作程序及方法（见图 2.1）。

（3）成绩册和成绩公报力求快速、准确、规范。

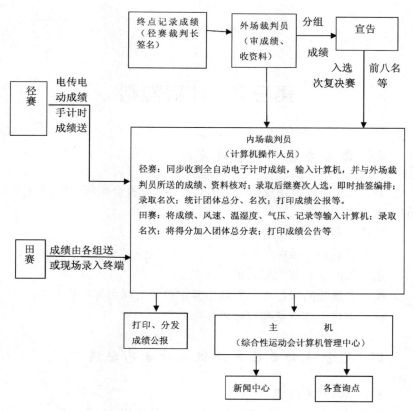

**图 2.1　工作程序及处理**

# 第三章　比赛通则

## 24. 报名应符合哪些规定?

**答**：凡按国际田径规则举行的比赛，只有符合国际田联资格规定的运动员方可参加。

国内比赛，必须符合：

运动员的户（会）籍确属申请报名的单位。

运动员的年龄和性别必须符合规定。

按竞赛规程的规定项目报名，并在规定时间内办理报名手续。

报名单位审核盖章和医疗单位盖章。

## 25. 划分运动员的年龄组以什么为标准?

**答**：以时间为标准。

男子组和女子组：比赛当年 12 月 31 日已满 20 周岁者。

青年男子组和青年女子组：比赛当年 12 月 31 日满 18 或 19 周岁者。

少年男子甲组和少年女子甲组：比赛当年 12 月 31 日满 16 或 17 周岁者。

少年男子乙组和少年女子乙组：比赛当年 12 月 31 未满 16 周岁者。

男、女老将组；男年满 35 周岁者可参加场内项目，年满 40 周岁可参加外场项目。

男、女儿童组：凡比赛当年 12 月 31 未满 13 周岁者。

参加马拉松比赛的男、女运动员，限比赛当年 12 月 31 日已满或超过 20 周岁者。

## 26. 比赛服装有否制约？

**答**：有。各个项目的运动员必须穿着干净、湿后不透明且无碍裁判员观察的服装，式样设计和穿着方式应无损于观瞻。接力比赛 4 人的服装颜色、式样应统一。

国际 a、b、c、d 类比赛或其发奖仪式，运动员必须穿本国协会正式批准的国家服装或俱乐部服装。服装上的广告或赞助者标志、生产厂家标志，应符合有关条款的规定。

## 27. 号码布上可以打广告吗？

**答**：可以，但应符合有关条款的规定。号码布的最大面积为 24 厘米宽×20 厘米高，号码数字高不小于 6 厘米，不大于 10 厘米，数字清晰可见。这两张号码布要明显地分别佩带于胸前和背后，跳高和撑竿跳高运动员可在胸前或背后佩带一张号码布。号码必须与秩序册中的号码一致。

中长跑比赛，大会应提供小号码；部分分道跑项目和接力跑应提供道次号码；终点采用摄影或录像装置，应提供短裤侧面号码。

不按规定佩戴号码者，不得参加比赛。

广告、标志应在号码布的上下方，上方标志不得超过 5 厘米，下方标志不得超过 3 厘米。

## 28. 比赛钉鞋有无要求？

**答**：有。运动员可赤脚、单脚或双脚穿鞋参加比赛。

比赛鞋内不得有任何类似的弹簧或装置，鞋面允许加皮条，鞋掌和鞋跟可有沟、脊、花纹和突起，但这些部分应采用与鞋掌相同或类似的材料制成。

鞋掌和鞋跟的结构使用至多 11 枚鞋钉，凡不超过 11 枚鞋钉的均可使用，鞋钉的钉座不得超过 11 个。塑胶跑道上的比赛鞋，鞋钉突出鞋掌、鞋跟不得超过 9 毫米（室内跑道不得超过 6 毫米），跳高和标枪用鞋不得超过 12 毫米，最大直径 4 毫米；非塑胶跑道上的比赛鞋，鞋钉最长为 25 毫米，最大直径 4 毫米。跳高鞋前掌最大厚度为 13 毫米，鞋跟为 19 毫米，其他鞋的鞋掌、鞋跟厚度不限。

参加国际 a、b 类运动会一天以上的比赛，运动员必须穿申报并经组委会批准的鞋，比赛过程中不得更换鞋的结构和式样。全能运动员应申报单项的比赛鞋。

### 29. 怎样理解径赛的赛次和田赛的轮次？

答：径赛的赛次是指预赛、次赛、复赛和决赛 4 个赛次。田赛高度项目是以一个高度为一个轮次，一个高度每个运动员有三次试跳机会。田赛远度项目，以每个运动员试跳（掷）完一次为一个轮次。

### 30. 径赛项目是否都要经过 3 或 4 个赛次？

答：如报名人数不多或报名人数较多，但运动会就开半天或 1 天，可采用 1 或 2 个赛次就决出名次。为了避免多人名次成绩相等，可在竞赛规程中明文规定短距离项目，可采用手计时计取的 1/100 秒成绩判定名次。

### 31. 径赛项目赛次之间应间隔多少时间？

答：如有可能，任一赛次的最后一组至后继赛次的第一组或决赛之间，最短间隔时间为：

200 米及 200 米以下各项目为 45 分钟；200 米以上至 1 000 米各项目为 90 分钟；1 000 米以上各项目应不在同一天举行。

运动会会期超过 3 天的比赛，高度跳跃项目及格赛与决赛之间安排休息 1 天；全能运动各项之间至少应休息 30 分钟。如有可能，在第一天的最后一项结束至第二天第一项开始之间至少有 10 小时的休息时间。

### 32. 跑道和助跑道上可否设标记？

**答**：除分道接力赛跑外，运动员不得在跑道上做对他们有帮助的标记或沿跑道放置标志物。进行分道接力赛跑时，运动员可在自己分道内用胶布作一个标记，其最大尺寸为 5×40 厘米，颜色应明显区别于跑道上其他永久性标志。不能用粉笔或类似物质以及任何擦不掉痕迹的物质。在煤渣或草地跑道上，可用钉鞋在自己分道内的跑道上划标记。在用上述任何一种方法时，不得另用其他标志物。

跳高比赛，每名运动员可使用 1~2 个标志物。撑竿跳高、跳远、三级跳远和掷标枪比赛，每名运动员可在助跑道旁放置 1~2 个标志物。标志物应由组委会批准或提供，如不提供此类标志物，运动员可用胶布；但不得用粉笔或类似物质以及任何擦不掉痕迹的物质。

### 33. 男女能不能混合参加比赛？

**答**：完全在运动场内举行的各种比赛，不得有男女混合参加比赛的项目。

### 34. 怎样参加兼项比赛？

**答**：如果 1 名运动员同时参加 1 个径赛项目和 1 项田赛或多项田赛，有关裁判长可以允许其只在某一轮比赛中或在跳高和撑竿跳高的每轮次试跳中，以不同于赛前抽签的顺序进行试跳（掷），如果某运动员后来又决定不参加试跳（掷），或轮到其试跳（掷）时不在场，一旦该次试跳（掷）时限已过，应视其试跳（掷）失败。

### 35. 比赛进程中运动员能否离开跑道或比赛现场？

**答**：除下列情况外，擅自离开跑道或比赛路线的运动员，不得继续比赛。

公路项目和田径场内举行的20公里或20公里以上的竞走项目比赛中，运动员得到许可并在1名裁判员的监督下，可以离开公路或跑道；但不得通过离开路线而缩短其赛程。

在田赛和全能项目比赛中，运动员得到许可并在1名裁判员的陪同下，可以离开该项的比赛现场。回来后已错过的试跳（掷）顺序一律不补。

### 36. 怎样处理比赛中受到损失的运动员？

**答**：径赛项目，裁判长有权命令除被取消资格以外的运动员重赛。如发生在预赛，可令受损运动员参加下一赛次的比赛。通常，被允许重赛的运动员应是经过努力完成了比赛的运动员。不管是否存在取消比赛资格的情况，在特殊情况下，裁判长如认为重新比赛是公正和有理的，可下令重赛。田赛项目的一次试跳（掷）中，由于任何原因运动员受阻，裁判长有权给予其补试机会。

### 37. 违反什么规定应取消比赛资格、录取资格或失去比赛资格？

**答**：（1）未按规定时间到赛前控制中心点名者。

（2）验证不是秩序册中所列运动员者。

（3）挤撞或阻碍别人而妨碍别人走或跑进者。

（4）分道跑或部分分道跑的规定分道距离，未自始至终在各自的分道内跑进者。

（5）弯道上跑出各自的分道，并从中获得实际利益者。

（6）未经许可，擅自离开跑道或跑线或经许可，通过离开跑道、路线而缩短其赛程者。

（7）任何参赛运动员在比赛中，不得提供或接受帮助。帮助是指以任何方式传递建议、信息或直接帮助和包括由非参加者、已被超圈的或将被超圈的赛跑或竞走运动员或用任何技术设备在比赛中提供的速度分配帮助。运动员离开该项比赛场地或与场外人员对话。运动员离开设在跑道内侧的比赛场地到跑道外侧，均违反本规则。但大会指派的医务检查、赛场外的人不适用技术性设备，用语言或其他方式传达信息除外。

比赛时，在比赛场内提供和接受帮助的任何运动员，有关裁判长必须给予警告，并告诫他，如重犯则取消其比赛资格。

（8）公路赛跑、越野跑或竞走比赛，运动员在大会设置的饮料站以外的地方拿取饮料或接受任何人提供的帮助或饮食者。

（9）田赛各项目比赛中，两次无故延误时间者。

（10）拒绝接受兴奋剂检查，或兴奋剂检查结果证明其身体组织或体液中存在禁用物质者。

（11）违反体育道德行为者。

如发生下列情况，应取消其该次比赛所有后继项目的参赛资格：

（1）经最后确认，某运动员将参加某项比赛而未去参赛，以致未能正式从该项目检录单中除名者。

（2）运动员通过及格赛或分组赛已取得某项目后继赛次的参赛资格，又未继续参加比赛者。

## 38. 如何对待被取消资格的运动员的成绩？

答：被取消资格以前，运动员在本届运动会上创造的成绩仍然有效。

## 39. 田赛项目比赛时限有何规定？

答：跳高、跳远、三级跳远、铅球、铁饼、链球和标枪的时限均为1分钟，撑竿跳高为1分30秒。单项跳高和撑竿跳高比赛，如只剩2或3名运动员时，跳高时限为2分钟，撑竿跳高为3分钟，只剩

1 名运动员时，跳高时限增至 5 分钟，撑竿跳高为 6 分钟。比赛中还剩 3 名以上的运动员时，如果同一运动员连续两次试跳（掷）之间间隔时间，撑竿跳高增至 3 分钟，其他田赛项目增至 2 分钟。此规定亦适用于全能项目的比赛。

时限从裁判员通知运动员开始试跳（掷）算起，撑竿跳高根据运动员预先要求将架子调整好时算起，到运动员完成试跳（掷）动作为止（如果运动员在此之后才决定免跳或掷，当时限结束时，应判该次试跳或掷失败）。

运动员应看到显示剩余时间的时钟，如不使用时钟，当时限只剩最后 15 秒时，工作人员应举黄旗或以其他方式向运动员示意。

## 40. 田赛项目开始比赛后能否在助跑道或投掷区进行练习？

**答**：跳跃项目，不得使用在助跑道或起跳区进行练习。投掷项目，运动员无论手持器材与否，均不得使用投掷圈（助跑道）或落地区内地面练习投掷，也不能持器械练习。

## 41. 及格赛后怎样录取决赛人选？

**答**：除跳高和撑竿跳高外，其他田赛项目运动员均有 3 次试跳（掷）机会，一旦达到及格赛标准，即不得继续参加及格赛。

跳高和撑竿跳高及格赛，凡运动员在某一高度连续 3 次试跳失败者，不得继续参加及格赛，直到组委会制定的及格赛标准高度上最后一次试跳结束，才能决定这些运动员是否被淘汰。

及格赛后，各个项目至少录取 12 名运动员进入决赛。如果运动员未达到事先制定的及格赛标准或达标人数少于规定需要人数时，应根据运动员在及格赛中的成绩，补满进入决赛的人数。

及格赛全部排名中，最后及格名次出现成绩相等时，成绩相等者，均应被录取进入决赛。

## 42. 田赛远度项目比赛可试跳（掷）几次？

答：跳远、三级跳远和各投掷项目，参赛运动员只有8名或不足8名时，每人均可试跳（掷）6次；运动员超过8名时，每人可先试跳（掷）3次，有效试跳（掷）成绩最好的前8名或与第8名成绩相等者可再试跳（掷）3次。

会员国单位之间或基层比赛，试跳（掷）次数可酌情减少，但此类安排应在会前作出。

## 43. 田赛高度项目比赛中可否免跳？

答：可以。运动员可在裁判员事先宣布的横杆升高计划的任何一个高度上开始起跳，也可在以后任何一个高度上决定是否试跳。不管在任何高度上，运动员有3次试跳机会。如在某一高度上第一次或第一次和第二次试跳失败后，仍可请求免跳，但在下一高度上试跳的次数，只能是前一高度上试跳失败后所剩余的未跳次数。

在某一高度，运动员请求免跳后，则不准在此高度上恢复试跳；只有第一名成绩相等决名次的情况例外。

## 44. 田赛高度项目用哪些记录符号？

答：田赛高度项目记录符号如表3.1所示。

表3.1　田径高度项目记录符号表

| 符号 | 表示内容 | 符号 | 表示内容 |
|---|---|---|---|
| - - | 赛前控制中心点名未到 | △ | 补跳成功 |
| ○ | 试跳成功 | ⚠ | 补跳失败 |
| × | 试跳失败 | = | 错过轮次 |
| △ | 兼项请假 | ┤ | 第一次延误时间 |
| ⚠ | 特殊情况请假 | ┤╎ | 第二次延误时间 |
| —— | 免 跳 | | |

## 45. 田赛远度项目用哪些记录符号？

**答**：田赛远度项目记录符号如表 3.2 所示。

**表 3.2 田赛远度项目记录符号表**

| 符号 | 表示内容 | 符号 | 表示内容 |
|------|----------|------|----------|
| - - | 赛前控制中心点名未到 | ⚠ | 特殊情况请假 |
| 成绩 | 试跳（掷）有效 | —— | 免跳或弃权 |
| × | 试跳（掷）无效 | ⟁ | 补跳（掷）有效 |
| ·× | 器械落点在左角度线上或外 | ⬨ | 补跳（掷）失败 |
| ×· | 器械落点在右角度线上或外 | = | 错过轮次 |
| ·× | 标枪在落地区落地失败 | ⊣ | 第一次延误时间 |
| △ | 兼项请假 | ⊣∣ | 第二次延误时间 |

## 46. 田径赛以哪个赛次的成绩排列名次？

**答**：均以决赛的成绩排列名次。田赛高度项目，以运动员最后试跳成功的高度，包括第一名成绩相等名次决赛的成绩排列名次；田赛远度项目，以运动员 6 次试跳（掷）中最好的一次成绩排列名次；全能项目，以总积分多少排列名次。

## 47. 成绩相等如何排列名次？

**答**：径赛按成绩录取时，在任一赛次中，终点摄影主裁判应考虑有关运动员的 1/1000 秒的实际时间。如果相等，有关运动员均应进入下一赛次。如条件不允许，抽签决定进入下一赛次的人选。

当手计时的决定成绩出现相等时，应根据判读 1/100 秒成绩处理。

决赛出现第 1 名成绩相等时，有关裁判长有权决定他们是否重赛，如无法重赛，名次并列。其他名次成绩相等则并列。

田赛跳高和撑竿跳高，按下列原则排列名次：

（1）在最后跳过的高度上，试跳次数较少者名次列前。

（2）如成绩仍然相等，则在包括最后跳过的高度在内的全部比赛中，试跳失败次数较少者名次列前。

（3）如成绩仍相等，但不涉及第一名时，则运动员的比赛名次并列。

（4）如涉及第一名时，将根据规则第181条9的规定，在成绩相等的运动员间进行决定名次跳，除非根据比赛前规定的技术规程或在比赛中根据技术代表（如没有任命技术代表，将由裁判长）的决定。如果不进行决定名次跳，包括相关运动员决定不再进行试跳的比赛任何阶段，成绩相等运动员的名次并列。

注意：（4）不适用于全能项目。

田赛远度各项，如成绩相等，以其次优成绩判定名次，如次优成绩相等，则以第3较优成绩判定名次，余类推。如仍相等，并涉及第1名时，令成绩相等的运动员按原试跳（掷）顺序进行新一轮的试跳（掷），直到决出名次。每名运动员应以其最好的一次试跳（掷）成绩，包括因第1名成绩相等而进行的决名次赛的成绩，作为其最后的决赛成绩。

倘全能项目积分相等，则以在较多单项中得分多者为优胜；如仍不能决定，则以任何一个单项得分最高者为优胜。此法使用于比赛中任何名次的成绩相等情况。

## 48. 各项决赛录取几名？怎样计分？

答：一般情况下，各项决赛均可录取 8（6）名。若录取 8 名，按 9、7、6、5、4、3、2、1 计分；录取 6 名时，则以 7、5、4、3、2、1 计分。

参加人数不足规定录取名额时，可递减录取，但应在竞赛规程中明文规定。

## 49. 什么情况下所创成绩才算破纪录?

**答**：径赛项目，一个赛次中同一组运动员一人或多人超原纪录，均可承认为破纪录，其中最好成绩为新纪录。在其后的其他组或后继赛次的运动员的成绩应超过当时的新纪录，方可承认为破纪录。

田赛远度项目，同一轮次中多名运动员的成绩超原纪录，均可承认为破纪录，其中最好成绩视为新纪录。在其后轮次的比赛中运动员的成绩须超过当时的新纪录，方可承认为破纪录。

田赛高度项目的一次比赛中，多名运动员超过原记录的高度，均承认为破纪录，并将其中的最好成绩视为新纪录。在此之后的比赛中，运动员的成绩须超过新纪录方可承认为创纪录。

## 50. 哪种条件下所创成绩不承认其纪录?

**答** （1）完全在运动场内，男女混合参加比赛中所创个人成绩。

（2）接力赛跑第一棒的成绩。

（3）分道跑或部分分道跑的规定分道距离内，踏上或越过各自左侧分道线所创个人成绩。

（4）径赛计时没有 3 名计时员所计取的成绩，田赛各项目没有 3 名裁判员使用经校验的量具或经批准的测量仪器所创成绩。

（5）径赛项目，运动员未走或跑完规定的全程距离，所创造的前某一段较短距离的成绩；

（6）有风速规定的项目，风速超过 2 米/秒、全能超过 4 米/秒所创的成绩。

## 51. 破纪录由谁审核成绩?

**答**：径赛各项目和全能的径赛项目，采用手计时所计取的成绩破纪录时，由总裁判或其指定的委托人（通常是分管径赛的副总裁判或径赛裁判长）验表。

田赛项目和全能的田赛项目，由总裁判或其指定的委托人（通常由分管田赛的副总裁判或田赛裁判长）亲临现场审核成绩和场地器材。

审核成绩的有关裁判长，必须是田径国家级裁判员。成绩、场地器材审查合格后并签名。

### 52. 申报纪录应符合哪些规定？

答：（1）纪录必须是在正式比赛中的有屋顶的室内或室外标准田径场跑道上创造的。个人项目，参赛人数至少为 3 人，接力项目至少有 2 队参赛。

（2）运动员完成规定的全程距离，所创造的其中一段较短距离的纪录。如某运动员在 800 米比赛中，前 400 米破纪录，他也跑完了 800 米，其所破 400 米纪录应予申报。

（3）跑或竞走的纪录，必须由 3 名正式计时员计取的成绩或经批准的全自动电子计时器（包括一套录像系统）所记录的成绩。400 米和 400 米以下各径赛项目，只承认上述后者记录的成绩。

（4）200 米或 200 米以上任何距离，创纪录所用跑道的周长不得超过 440 码；而且必须是在此周长的某一部分起跑。水池位于 400 米跑道以外的障碍赛跑不在此限。

（5）创造纪录所用的跑道，其外道半径不得超过 50 米。除非形成这曲段的两个半径中的大半径所构成的弧，在 180° 的弯道中不超过 60°。

（6）创竞走纪录所用的跑道必须是椭圆形的。其周长至少 350 米，最长为 500 米，且具有两个 60 米 ~ 120 米的直段。

（7）创竞走纪录，在执行裁判工作中，并在申请新纪录表上签名的裁判员中，至少有 2 名国际田联国际竞走组的成员。

（8）田赛各项纪录必须由 3 名裁判员使用经检验合格的钢卷尺或钢直尺进行丈量。也可用经过批准的科学测量仪器进行丈量，其精度应由 1 名合格的丈量裁判员予以确认。

（9）跨栏项目，运动员碰到栏架，也不妨碍其所创纪录。

（10）有风速规定的项目，跑进方向上测得的平均风速不得超过 2 米/秒，全能不得超过 4 米/秒。

## 53. 怎样申报纪录

**答**：破纪录运动员的所在单位应在创纪录后 15 天内，随"破纪录报告表"（表 3.3）和"田径比赛成绩证明表（表 3.4），并附上有关资料报中国田径协会。

表 3.3 超/创田径纪录报告表

| 姓名 | | 性别 | | 出生年月日 | | | 民族 | | 身高 | |
|---|---|---|---|---|---|---|---|---|---|---|
| 体重 | | 项目 | | | 成绩 | | | 原纪录 | | |
| 籍贯 | | | 所在单位 | | | | | 运动等级 | | |
| 竞赛名称 | | | | | | | 风速 | | | |
| 竞赛时间 | | | | | 竞赛地点 | | | | | |
| 运动员所在单位意见 | | 负责人：　盖章　　年　　月　　日 | | | | | | | | |
| 运动员所在体委意见 | | 负责人：　盖章　　年　　月　　日 | | | | | | | | |
| 国家体育总局审批意见 | | 负责人：　盖章　　年　　月　　日 | | | | | | | | |

　注：须附成绩证明表

表 3.4　田径比赛成绩证明表

| 姓名 | | 性别 | | 出生年月日 | | | 民族 | | 身高 | |
|---|---|---|---|---|---|---|---|---|---|---|
| 体重 | | 项目 | | | 成绩 | | | 风速 | | |
| 籍贯 | | 所在单位 | | | | | | | | |
| 竞赛名称 | | | | | | 运动等级 | | | | |
| 竞赛时间 | | | | 竞赛地点 | | | | | | |
| 创造成绩时场地、器材等情况 | | | | | | | | | | |
| 执行裁判 | 签　　名 | | 裁判员任务 | | | 裁判员级别 | | | | |
| | | | | | | | | | | |
| | | | | | | | | | | |
| 裁判长审核 | | | | | | | | | | |
| | | | | | | | | | | |
| 竞委会意见 | | | 盖章　　年　　月　　日 | | | | | | | |

国内 a 类比赛所创纪录，由中国田协直接审批，破亚洲以上的纪录，由中国田协直接申报。

第一次申报青年纪录，应附上运动员的出生证及证明其出生日期类似正式文件的副本。

## 54. 世界和我国田径纪录有哪些组别和项目？

**答**：世界男子只准用全自动电子计时的项目：100 米、200 米、400 米、110 米栏、400 米栏、4×100 米接力。

全自动电子计时或手计时均可的项目：800 米、1 000 米、1 500 米、1 英里（1 609.344 米）、2 000 米、3 000 米、5 000 米、10 000 米、20 000 米、1 小时跑，25 000 米、30 000 米、30 000 米障碍、4×

200米接力、4×400米接力、4×800米接力、4×1 500米接力、20 000米竞走、2小时竞走、30 000米竞走、50 000米竞走。

　　跳跃：跳高、撑竿跳高、跳远、三级跳远。

　　投掷：铅球、铁饼、链球、标枪。

　　全能：十项全能。

　　我国男子除上述项目外,同时承认以下项目为全国纪录和全国最好成绩:

　　手计时项目：100米、200米、400米、4×100米接力。

　　全国最好成绩项目：马拉松、20公里竞走、50公里竞走。

　　世界女子只准用全自动电子计时的项目：100米,200米,400米,100米栏,400米栏,4×100米接力。

　　全自动电子计时或手计时均可的项目：800米、1 000米、1 500米、1英里、2 000米、3 000米、5 000米、10 000米、20 000米、1小时跑、25 000米、30 000米、3 000米障碍、4×200米接力、4×400米接力、4×800米接力、5 000米竞走、10 000米竞走。

　　跳跃：跳高、撑竿跳高、跳远、三级跳远。

　　投掷：铅球、铁饼、链球、标枪。

　　全能：十项全能。

　　我国女子除上述项目外,同时承认为全国纪录和全国最好成绩的项目:

　　手计时项目：100米、200米、400米、100米栏、4×100米接力。

全国最好成绩项目：马拉松、5公里竞走、10公里竞走、撑竿跳高。

　　世界青年男子只承认全自动电子计时的项目：100米、200米、400米、110米栏、400米栏、4×100米接力。

　　全自动电子计时或手计时均可的项目：800米、1 000米、1 500米、1英里、3 000米、5 000米、10 000米、3 000米障碍、4×400米接力、10 000米竞走。

　　跳跃：跳高、撑竿跳高、跳远、三级跳远。

　　投掷：铅球、铁饼、链球、标枪。

　　全能：十项全能。

我国青年男子除上述项目外，同时承认为全国青年纪录的项目：

手计时项目：100 米、200 米、400 米、110 米栏、400 米栏、4×100 米接力。

全自动电子计时或手计时均可项目：20 000 米竞走。

世界青年女子只承认全自动电子计时的项目：100 米、200 米、400 米、100 米栏、400 米栏、4×400 米接力。

全自动电子计时或手计时均可的项目：800 米、1 000 米、1 500 米、1 英里、3 000 米、5 000 米、10 000 米、3 000 米障碍、4×400 米接力、5 000 米竞走。

跳跃：跳高、撑竿跳高、跳远、三级跳远。

投掷：铅球、铁饼、链球、标枪。

全能：七项全能。

我国青年女子除上述项目外，同时承认为全国青年纪录的项目：

手计时项目：100 米、200 米、400 米、100 米栏、400 米栏、4×400 米接力。

全自动电子计时或手计时均可的项目：10 000 米竞走、20 000 米竞走。

我国承认全国少年纪录项目：

男子甲组：60 米、100 米、200 米、400 米、800 米、1 500 米、3 000 米、5 000 米、10 000 米、110 米栏、200 米栏、400 米栏、5 000 米竞走、10 000 米竞走、2 000 米障碍、4×100 米接力、4×200 米接力、4×400 米接力、跳高、撑竿跳高、跳远、三级跳远、铅球、铁饼、链球、标枪、三项全能、五项全能、七项全能。

女子甲组：60 米、100 米、200 米、400 米、800 米、1 500 米、3 000 米、5 000 米、100 米栏、200 米栏、400 米栏、3 000 米竞走、5 000 米竞走、4×100 米接力、4×200 米接力、4×400 米接力、跳高、跳远、铅球、铁饼、标枪、三项全能、五项全能。

## 55. 对运动员资格提抗议何时向何人提出？

**答**：应在大会开始前，向仲裁组提出，若运动会未设仲裁组，则向总裁判提出。

**56. 对某项成绩或执行问题提抗议应在何时向何人提出?**

**答**: 应在该项成绩正式宣布后的 30 分钟内, 向仲裁组提出, 如无仲裁组, 则向总裁判提出。

**57. 抗议采用什么形式?**

**答**: 必须以书面形式(抗议申请书见表 3.5), 由代表该运动员的负责人签名, 并须附上 100 美元或等值货币的申诉费。如该抗议未得到认可, 申诉费予以没收。

表 3.5　抗议申请书

---

送仲裁组:
申诉单位
领队或教练员签字
根据 146 条, 现向仲裁委员会提交抗议申请书, 并付交申诉费 500 元(人民币)。
比赛时间＿＿＿＿年＿＿＿＿月＿＿＿＿日＿＿＿＿时
项目＿＿＿＿＿＿＿＿＿＿＿＿＿＿＿＿＿＿＿＿＿＿＿＿
理由＿＿＿＿＿＿＿＿＿＿＿＿＿＿＿＿＿＿＿＿＿＿＿＿

＿＿＿＿＿＿＿＿＿＿＿＿＿＿＿＿＿＿＿＿＿＿＿＿＿＿
成绩公告时间＿＿＿＿＿抗议申请书收到时间＿＿＿＿＿＿＿
裁决结果: 抗议　成立, 申诉费退还＿＿＿＿＿＿＿
　　　　　　　否决, 申诉费没收＿＿＿＿＿＿＿
裁决理由:
裁决证明书签收人签字＿＿＿＿＿＿＿＿＿＿＿＿＿＿＿＿＿

裁决证明书

送发＿＿＿＿＿日期＿＿＿＿年＿＿＿＿月＿＿＿＿日＿＿＿＿时
仲裁者签字
根据下列理由, 抗议　成立, 退还申诉费＿＿＿＿＿＿＿
　　　　　　　　否决, 补交申诉费＿＿＿＿＿＿＿
项目＿＿＿＿＿＿＿＿＿＿＿＿＿＿＿＿＿＿＿＿＿＿＿＿
理由＿＿＿＿＿＿＿＿＿＿＿＿＿＿＿＿＿＿＿＿＿＿＿＿

(详见附件)

---

## 58. 哪些类别的比赛应进行兴奋剂检查？

答：（1）下列运动会由国际田联负责检查：① 世界锦标赛。② 世界杯赛。③ 田径系列大奖赛。④国际田联特许的比赛。⑤在其他场合进行随机或指名检查，例如，地区小组锦标赛或比赛。

（2）国内 a、b 类比赛由中国田协进行检查。

# 第四章　径　赛

## 一、赛前控制中心（检录组）

### 59. 赛前控制中心裁判员编制、分工与职责是什么?

答（1）编制 6~7 人。基层比赛可适当减少。

（2）分工与职责。

赛前控制中心主裁判

赛前：

① 组织学习、分配任务，责任到人，制定工作细则，按总裁判安排同步进行实习，提交文具器材清单。此条是径赛各组主裁判的相同职责，在此阐明，后面不再一一赘述。

② 在主裁判以上的会议上，明确：检录时间，带队入场时间，检录单复写几份并送何处、何人，签收卡片和记录表手续等事宜。

③ 落实赛前控制中心地点，并检查布置情况

赛中：全面负责，重点指导广播点名事宜。

赛后：组织总结，归还文具器材。此条是竞赛各组主裁判和田赛各组组长的相同职责，后面不再重述。

广播员 1 人

赛前：制定广播计划表，编制检录时间表（表 4.1），并张贴公布于众。

表 4.1 ××单元检录时间示意表

| 序 | 项　　　目 | 组数 | 比赛时间 | 检录时间 | 入场时间 | 检　录　员 |
|---|---|---|---|---|---|---|
| 1 | 男 100 米　预赛 | 5 | 8：00 | 7：30 | 7：45 | ×××　　　××× |
| 2 | | | | | | |
| 3 | | | | | | |
| …… | | | | | | |

赛中：各项目检录前 10 分钟预告点名时间，带队入场时间前 2 ～ 3 分钟，再次广播"××项目×赛次即将带队入场，还未点名的运动员，请赶快前往点名"。

赛后：统计、填写检录缺勤统计表（表 4.2）

表 4.2 检录缺勤统计表

| 序 | 日期 | 项目 | 组次 | 道次 | 号码 | 姓名 | 单位 | 缺勤原因 |
|---|---|---|---|---|---|---|---|---|
| 1 | | | | | | | | |
| 2 | | | | | | | | |
| 3 | | | | | | | | |
| …… | | | | | | | | |

检录员 4 ～ 5 人

赛前：熟悉各项竞赛起点，选择带队入场的最近路线。

赛中：准时召集运动员点名，检查运动员的号码、服装、钉鞋及背包等物品是否符合规定，将运动员按预选路线带至起点。

## 60. 何时检录（点名）？怎样检录？

答：大、中型运动会，可参照下表（表 4.3）计划时间进行点名。此计划时间应该在领队会议上明确宣布。

表 4.3　各项检录计划时间表（单位：分钟）

| 项　　目 | 检录时间 | 结束时间 | 到达赛场时间 |
|---|---|---|---|
| 径　　赛 | 30 | 15 | 10 |
| 全能每天第一项 | 30 | 15 | 10 |
| 田　　赛 | 40 | 25 | 20 |
| 撑竿跳高 | 50 | 35 | 30 |
| 跨　　栏 | 35 | 25 | 20 |

　　检录员 2 人一组同步进行工作，即 1 名检录员叫号点名，另 1 名检录员按所叫运动员分发号码布（或小号码、道次号码、短裤侧面号码），检查服装、钉鞋及背包等物品是否符合规定，并请其按排定的道次顺序就座。

## 61. 何时带入场？检录单交何处、何人？

　　**答**：到规定检录结束时间召集运动员集合，检录员分列排头排尾，按预选的最近路线和规定的时间将运动员带至起点和比赛场地。排头的检录员将检录单（表 4.4）和运动员交 1 号助理发令员，并向其说明缺勤情况。排尾的检录员将检录单分别送终点记录员和计时与检查主裁判。

表 4.4　径赛项目检录单

组别_____　　　　项目_____　　　　赛次_____　　　　组次_____

| 道次 | 一 | 二 | 三 | 四 | 五 | 六 | 七 | 八 |
|---|---|---|---|---|---|---|---|---|
| 号码 | | | | | | | | |
| 名次 | | | | | | | | |
| 成绩 | | | | | | | | |
| 备注 | | | | | | | | |

径赛裁判长_____　总记录_____　终点记录员_____　年月日

接力项目检录时应增加检录员，并分棒次带至起点或接力区，检录单交接力区的检查员。

一个项目如有 4 组以上的运动员，可分批带入，以便起点和接力区进行控制。

# 二、赛后控制中心

## 62. 赛后控制中心裁判员编制、分工与职责是什么？

答：（1）编制 5~7 人。基层比赛可不设该组。

（2）分工与职责。

主裁判 1 人

赛前：① 与赛前控制中心和起点服务组商定物品接收、管理方法，与发奖组商定管理方法，与发奖组、兴奋剂检查站、新闻中心、急救中心商定有关运动员交接事宜。

② 选择（距终点较近）、布置赛后控制中心。

赛中：全面负责，重点抓物品管理。

物品管理裁判员 2~3 人

赛中：将赛前控制中心和起点组送来的运动员物品，按组次和道次收放，待该组运动员比赛结束进入该中心后，按道次一次性交还。

终点管理裁判员 1~2 人

每组径赛运动员抵达终点，请其尽快进入赛后控制中心。

协调裁判员 1~2 人。协助发奖组、兴奋剂检查中心、新闻采访中心工作。

## 63. 赛后控制中心对运动员哪些方面进行控制？

答：（1）对运动员的衣服等进行控制。

（2）凡径赛项目运动员抵达终点后，控制他们不在跑道上停留时间太长，请尽快进入赛后控制中心。

（3）对径赛决赛项目获前 3（8）名的运动员进行控制，由协调裁判员将他们领往发奖运动员休息室，交发奖组管理。

（4）田赛项目比赛结束，由该项记录员将运动员带至赛后控制中心，处理方法同径赛。

（5）协调裁判员对须接受兴奋剂检查的运动员进行控制，让其在通知单上签名后，交兴奋剂检查站人员管理。

（6）协调裁判员根据新闻采访中心要求，安排运动员接受快讯采访。

# 三、宣告组

## 64. 宣告组裁判员编制、分工与职责是什么？

答：（1）编制 2～5 人。

（2）分工与职责。

组长 1 人

赛前：与现场指挥员、径赛裁判长、发令员、终点主裁判商定联络事宜。

赛中：指导宣告员及时宣告。

宣告员 1～4 人

赛前：熟悉规程、场地布局、运动员姓名的读音、音响设备使用方法；了解各运动队的特点、优秀运动员状况等。

赛中：及时对比赛和成绩进行宣告。

## 65. 何时宣告？怎样宣告？

答：（1）每单元比赛开始前的适当时机，宣告该单元比赛的项目、组别、时间和比赛场地。

（2）大型运动会每组比赛前，接到现场指挥员的指令后（中小型运动会，由终点主裁判授意），立即按动门铃（事先规定按几下），随即介绍该运动员的道次、号码、姓名、单位（基层运动会除决赛外，其他赛次可只作组别、赛次和组次介绍即可）。

（3）收到成绩后，及时核对，适时宣告，并记录宣告成绩的时间，以便抗议查证之用。

（4）适时宣告取得后继赛次运动员的号码、姓名、单位。

（5）收到决赛项目成绩后，立即宣告前8（6）名运动员的号码、姓名、单位和成绩。

（6）宣告发奖仪式及获得金、银、铜牌运动员的号码、姓名、单位和成绩。

（7）适时宣告破纪录运动员的号码、姓名、单位、成绩，并向运动员和教练员表示祝贺。

（8）插空宣读贺信、题词、优秀运动员（队）简介、赛场情况、大会通知等。

（9）适时播放音乐，调节赛场气氛。

各种运动会赛场上，运动员起跑时间，切记不要播音，以使运动员全神贯注听清起跑信号。

国内举办国际a、b、c、d类比赛，上述（1）~（7）条应用中、英语各宣告一遍。

# 四、发令组

## 66. 发令组裁判员编制、分工与职责是什么？

答：（1）编制2~4人。

（2）分工与职责。

发令员 1 人

发令员是运动员的全权支配者，是一切与起跑有关事宜的唯一裁判员。

赛前：与径赛裁判长、赛前、赛后控制中心、终点和检查主裁判以及宣告组长商定有关联络事宜。

赛中：主持发令，判定运动员起跑是否犯规；警告或取消运动员的比赛资格。

召回发令员 1~2 人

协助发令员工作。

赛前：与助理发令员按提交的清单领取器材。

赛中：在发令员鸣枪时，如发现运动员起跑犯规或起跑不允许时，立即鸣放多枪将运动员召回重新起跑。

召回鸣枪应果断、及时，在运动员起跑的第一二步就能听到召回枪声，否则难以召回。

助理发令员 1~2 人

赛前：与召回发令员领取器材。

赛中：① 接收检录员带至起点的运动员和检录单，并立即核对组别、项目、赛次、道次、号码。

② 组织运动员上道（排在各自道次或位置起跑线后 3 米处等待发令）。

③ 发令员发出"各就位"时，检查运动员（如设 2 名助理发令员，1 人查看 1~4 道，另 1 人查看 5~8 道）有无违例，如发现不符合规定，令其改正。检查完毕，示意发令员可以继续发令。

④ 接力赛跑发、收接力棒。4×400 米接力，组织和检查第二棒运动员的起跑位置和第三、第四棒运动员的接棒顺序（以各队前一棒运动员到达 200 米起点的先后为准，一经排定不得更动）。

⑤ 起跑犯规或起跑不公允须重新起跑时，组织运动员在各自起跑线后 3 米处等待发令。

⑥ 警告某运动员后，将其起跑线后的道次牌折叠，取消资格时，将道次牌放倒。某道运动员弃权时，将道次牌折叠。

⑦ 记录、统计起跑犯规情况。统计表格式如表4.5。

**表4.5 起跑犯规统计表**

第____单元 年 月 日

| 组别 | 项目 | 赛次 | 组次 | 枪数 | 鸣枪时间 | 犯规情况 | | | | 备注 |
|---|---|---|---|---|---|---|---|---|---|---|
| | | | | | | 号码（单位） | 道次 | 号码（单位） | 道次 | |
| | | | | | | | | | | |
| | | | | | | | | | | |
| | | | | | | | | | | |
| …… | | | | | | | | | | |

发令员_____助理发令员_____

## 67. 发令员（台）应站（放）什么位置？

**答**：应符合三点要求：① 有助于自身全面观察。② 有助于终点、计时和风速测量裁判员观察。③ 梯形起跑时，如无扩音设备，发令员的位置应与运动员之间的距离大致相等。110米栏以下距离的比赛中，发令员应站在起跑线前侧或起跑线的延长线上。

## 68. 发令员何时与终点联络？何时举枪鸣枪？

**答**：当听到宣告员按响门铃声后，即可上发令台与终点主裁判联络。宣告员介绍完运动员便可发"各就位"口令。助理发令员检查完毕，示意可以继续发令时，即可举枪。发令员确认运动员处于稳定状态，起跑姿势正确之后进行鸣枪。

### 69. 起跑发令用几个口令?

答:400米及400米以下(包括4×100米接力、4×200米接力和4×400米接力)的各项径赛,发令员用3个口令:"各就位"、"预备"和鸣枪。400米以上的各项赛跑,只用两个口令:即"各就位"和在所有运动员稳定时鸣枪或启动经批准的发令器材。

### 70. 哪些径赛项目必须使用起跑器和蹲踞式起跑?

答:400米及400米以下(包括4×100米接力、4×200米接力和4×400米接力第一棒)各项径赛运动员必须使用起跑器和蹲踞式起跑。"各就位"口令后,运动员必须完全在自己的分道内和起跑线后做好准备姿势。双手和一膝必须与地面接触,双脚必须接触起跑器。"预备"口令后,运动员应立即抬高重心做出最后的起跑姿势,双手仍须与地面接触,双脚不得离开起跑器。

400米以上(不包括400米)各径赛项目,用站立式起跑,不得使用起跑器。"各就位"时,运动员的双脚必须与地面接触,单手或双手不得触地。

### 71. 起跑触犯哪些规定应予提示?

答:(1)安装的起跑器触及起跑线或超越各自的分道线。

(2)400米及400米以下各径赛项目,不使用起跑器和蹲踞式起跑者。

(3)"各就位"或"预备"口令后,运动员的手或脚、接力棒触及起跑线前地面;弯道起跑时触及或超越其右侧分道线者。

(4)蹲踞式起跑时双手和一膝不与地面接触,双脚不与起跑器接触;站立式起跑双脚不与地面接触者或单手、双手触地者。

## 72. 遇什么情况应重新起跑？

答："各就位"或"预备"口令后，外界干扰而无法继续发令；发令枪不响（俗称哑炮）或枪声太小（称为臭炮）造成起跑不公允时，应重新起跑。

## 73. 起跑违反哪些规定应判犯规？

答 （1）"各就位"或"预备"口令后，运动员拖延时间，经适当时间仍不服从口令者。

（2）"各就位"口令后，用声音或其他方式干扰其他运动员者。

（3）鸣枪前运动员的手脚或接力棒触及起跑线或其前面的地面者。

（4）400 米及 400 米以下（包括 4×100 米接力、4×200 米接力、4×400 米接力第一棒运动员）各径赛项目运动员不使用起跑器和蹲踞式起跑，经提示仍不改正者。

## 74. 运动员起跑犯规如何处理？

答：必须予以警告。当 1 人或多人起跑犯规时，其他运动员容易跟随，严格地说，跟随者也属起跑犯规，发令员只警告他认为对起跑犯规负有责任的 1 名或多名运动员。如一次起跑有多名运动员犯规时，发令员应一个一个地警告。

## 75. 起跑犯规几次取消其比赛资格？

答：从 2010 年 1 月 1 日起，除全能项目之外，任何起跑犯规的运动员将被取消该项目的比赛资格，在全能比赛中，对第一次起跑犯规的运动员应给予警告。每项比赛只允许运动员有一次起跑犯规而不被取消资格，之后一名或每名运动员每次起跑犯规均将被取消该项目的比赛资格。

## 76. 起跑器有限定吗?

答:有。它必须符合:① 结构坚固,不会给运动员以不公正的利益;② 起跑时可用钉子固定在跑道上,其牢固程度,应保证运动员起动时不致移动;③ 抵脚板应固定在框架上,但不妨碍运动员蹬离。抵脚板应倾斜,板面可以平面,也可稍弯曲呈凹面。板面可带槽穴或覆盖适于使用鞋钉的物质。

## 77. 运动员可否自备起跑器?

答:可以。但它必须符合起跑器有关规定。

举办国际 a、b、c、d 类比赛,运动员必须使用大会组织者提供的起跑器。在塑胶跑道上举行的其他比赛,也只能使用大会组织者提供的起跑器。

举办国际 a、b、c 类比赛,起跑器应与国际田联批准的起跑监视器相连接,发令员或指定的召回发令员头戴耳机,以便清楚地听到该仪器检测出的起跑犯规时(反应时小于 1/1 000 秒)发出的信号。发令员一旦听到音响,如果发令枪已响或经批准的发令装置已启动时,应有召回信号,发令员应立即检查起跑犯规监视器上的反应时,以便确认对起跑犯规负有责任的运动员。

# 五、终点组

## 78. 终点组裁判员编制、分工与职责是什么?

答:(1)编制 10 人(6 条分道 8 人)。
(2)分工与职责。
终点主裁判 2 人
赛前:与宣告组长、发令员和赛前、赛后控制中心、计时、检查主裁判商定联络方法。

赛中：1 人分管旗示，负责① 如无音响（门铃）指挥，在发令员要旗前，先分别与宣告、计时、检查主裁判联络，以手势询问是否就绪。当发令员上发令台要旗时，与其对旗（两人的旗子由侧平举至前上举）。如有音响（门铃）控制，先只询问计时、检查主裁判是否准备就绪，再与发令员对旗。② 判点不分道跑比赛运动员到达终点的名次。

另 1 名终点主裁判，分管排列每组径赛运动员到达终点的名次，并填写终点名次报告表（见表 4.6）交终点记录员。

表 4.6　终点名次报名表

组别：　　　　项目：　　　　赛次：　　　　组次：

| 名次 | 一 | 二 | 三 | 四 | 五 | 六 | 七 | 八 |
|---|---|---|---|---|---|---|---|---|
| 道次 | | | | | | | | |
| 号码 | | | | | | | | |
| 备注 | | | | | | | | |

终点主裁判：　　　　　　　　　年　　月　　日

终点裁判员 8 人（6 条分道 6 人）

赛中：① 观察判定运动员到达终点的名次或号码。② 翻牌报圈、记总圈和脱圈。

## 79. 终点裁判员（台）应坐（放）何处？

答：分道跑和部分分道跑项目，按 1~8 道的顺序自下而上坐在离终点线至少 5 米，并与终点线在同一直线的终点台上。如坐在看台上，则在计时员的后面或侧面。不分跑道项目则分区就位，翻牌报圈者站（坐）跑道内侧终点线延长线上约 1 米处，记总圈小组斜对运动员跑来方向，坐在跑道内侧，终点线后约 10 米距内突沿约 1 米处，

47

记脱圈小组坐在终点台上全面观察。

## 80. 如何判定分道跑的名次？

答：有两种方法，即按道次和按名次分工。

（1）按道次分工：即固定道次判名次。1~8 道的裁判员判定与其道次相同的名次。判定方法，主看 1 个名次，往上或往下兼看 1 个与自己主看名次相近名次的所在道次。如主看第 1 名的 1 号裁判员判定第 1 名为 4 道，兼看的第 2 名为 6 道，余类推。两名主裁判分别看 1~8 名和 3~6 名。

（2）按名次分工：每名终点裁判员主看 1 个名次，兼看 1 个与主看名次相近的名次。如 1 号裁判员主看第 1 名，2 号裁判员主看第 2 名兼看第 1 名，3 号裁判员主看第 3 名兼看第 2 名，其余类推。7 号裁判员主看第 7 名兼看第 8 名，8 号裁判员主看第 3、第 4 名。1 名终点主裁判看全部名次，另 1 名看 3~6 名。

## 81. 如何判定部分分道跑的名次？

答：与分道跑一样，可按道次和名次分工。

按道次分工：即 1 至 8 道的裁判员，各自主看其本道次的运动员到达终点的名次。采用此法，出发前就应看准该道次运动员的特征，起跑后盯住该道运动员跑进中相对位置的变化，到他到达终点为止。

按名次分工：1 至 8 道的裁判员，主看运动员到达终点时与其道次顺序相同的名次。如 1 号裁判员主看第 1 名，2 号看第 2 名，余类推。采用此法，应看准所判名次运动员的号码。

## 82. 用什么方法判定不分道跑的名次？

答：采用"人盯人"、一包到底的方法判定名次。工作方法请阅 96 题：为何不分道跑多采用"人盯人"计取成绩。

## 83. 不分道跑比赛怎样翻牌报圈？

**答**：（1）翻牌报圈设 2 人为好。报圈牌设在跑道内侧终点线后或其延长线上约 1 米处。1 人盯领先运动员并翻（挂）牌报圈，另 1 人也盯领先运动员，并监视翻（挂）牌是否有误。如采用电动报圈器时，1 人操作电动报圈器，1 人监视显示器数字（圈数）是否有误。

（2）起跑前将报圈牌上数字按大小顺序排列，大数在上，小数在下。如 10 000 米比赛数字从 25→0。

（3）领先运动员每次进入终点直道时，应改变显示圈数（即翻、挂牌显示剩余圈数）。适当时机应向已脱圈或将脱圈的运动员单独报圈。

（4）领先运动员还剩最后一圈时，通常以铃声作为信号。

## 84. 不分道跑怎样记总圈？

**答**：记总圈应与报圈和记脱圈同步进行。报圈的有关问题和方法请阅 83 题。

记总圈通常设 3 人，1 人唱号、1 人记录、1 人监记（看记录号码与所唱号码是否一致）。

工作位置：三人并排斜对运动员跑来方向，坐在终点线后跑道内侧 5 至 10 米距内突沿约 1 米处。唱号者坐左，记录坐中，监记者坐右。

工作方法：运动员起跑后，立即清点人数，并记录在总记圈表（见表 4.7）右上角。每圈领先运动员跑至距终点线 20 至 30 米处，唱号者按运动员跑进中的顺序唱号，记录准确迅速将其所唱号码记录在总记圈表的相应格内，监记者既听又看记录号码与所唱号码是否一致。

前几圈运动员密集无法报号时，可在表的相应圈次的格内记上全部通过。

比赛中如运动员脱圈或退场时，应将其号码记录在脱圈或退场相应圈数格内。

表 4.7　总记圈表　（以某市万米跑为例）出发：22人

| 余圈人数 | 1 | 2 | 3 | 4 | 5 | 6 | 7 | 8 | 9 | 10 | 11 | 12 | 13 | 14 | 15 | 16 | 17 | 18 | 19 | 20 | 21 | 22 | 脱圈运动员号码 | 退场运动员号码 |
|---|---|---|---|---|---|---|---|---|---|---|---|---|---|---|---|---|---|---|---|---|---|---|---|---|
| 25 | 18 |  |  |  | 全 |  |  |  | 部 |  |  |  | 通 |  |  | 过 | 过 |  |  |  |  |  |  |  |
| 24 | 17 | 18 |  |  | 全 |  |  |  | 部 |  |  |  | 通 |  |  |  | 过 |  |  |  |  |  |  |  |
| 23 | 18 | 9 | 9 | 1 | 15 |  | 6 | 11 | 13 | 14 | 8 | 19 | 通 | 20 | 10 | 16 | 过 | 5 | 12 | 21 | 3 | 3 |  |  |
| 22 | 18 | 18 | 9 | 15 | 15 | 7 | 6 | 11 | 13 | 14 | 8 | 19 | 20 | 2 | 10 | 4 | 5 | 16 | 12 | 21 | 22 | 22 |  | 3 |
| 21 | 18 | 9 | 17 | 15 | 1 | 7 | 6 | 11 | 13 | 14 | 8 | 20 | 19 | 2 | 10 | 4 | 5 | 16 | 12 | 21 | 22 | 3 |  |  |
| 20 | 18 | 9 | 17 | 15 | 1 | 7 | 6 | 13 | 11 | 8 | 14 | 2 | 20 | 10 | 19 | 4 | 5 | 16 | 16 | 21 | 22 | 3 |  |  |
| 19 | 18 | 9 | 17 | 15 | 1 | 7 | 6 | 13 | 11 | 8 | 14 | 2 | 20 | 10 | 19 | 4 | 5 | 12 | 16 | 21 | 22 | 3 |  |  |
| 18 | 18 | 9 | 17 | 15 | 15 | 7 | 6 | 13 | 11 | 8 | 14 | 2 | 20 | 10 | 19 | 4 | 5 | 12 | 16 | 21 | 22 | 3 |  |  |
| 17 | 18 | 9 | 17 | 15 | 1 | 7 | 6 | 11 | 13 | 8 | 14 | 2 | 20 | 19 | 10 | 4 | 5 | 12 | 16 | 21 | 22 | 3 |  |  |
| 16 | 18 | 9 | 17 | 15 | 1 | 6 | 6 | 7 | 13 | 8 | 14 | 2 | 20 | 20 | 10 | 5 | 5 | 12 | 16 | 21 | 22 | 3 |  |  |
| 15 | 18 | 17 | 18 | 15 | 1 | 1 | 11 | 7 | 13 | 13 | 2 | 2 | 10 | 19 | 10 | 19 | 4 | 16 | 12 |  | 22 | 3 |  | 12 |
| 14 | 9 | 17 | 18 | 15 | 6 | 1 | 7 | 7 | 8 | 13 | 2 | 14 | 10 | 20 | 4 | 19 | 5 | 16 | 16 |  |  |  | 22 |  |
| 13 | 9 | 17 | 18 | 15 | 6 | 1 | 11 | 7 | 8 | 13 | 2 | 14 | 10 | 20 | 4 | 19 | 5 | 16 |  |  |  |  | 22 21 |  |
| 12 | 9 | 17 | 18 | 15 | 6 | 11 | 11 | 7 | 8 | 13 | 2 | 14 | 10 | 20 | 4 | 19 | 5 | 16 |  |  |  |  | 22 21 12 |  |
| 11 | 9 | 27 | 18 | 15 | 6 | 11 | 7 | 7 | 8 | 13 | 2 | 14 | 10 | 20 | 4 | 19 |  | 16 |  |  |  |  | 22 21 12 16 |  |
| 10 | 9 | 17 | 18 | 15 | 6 | 1 | 11 | 7 | 8 | 13 | 14 | 14 | 2 | 20 | 4 | 19 |  | 16 |  |  |  |  | 22 21 12 16 |  |
| 9 | 9 | 17 | 15 | 18 | 6 | 1 | 11 | 17 | 13 | 8 | 8 | 2 | 10 | 19 | 10 | 5 | 5 |  |  |  |  |  | 22 21 16 5 |  |
| 8 | 9 | 15 | 181 | 6 | 6 | 17 | 11 | 17 | 13 | 14 | 8 | 2 | 20 | 19 | 10 |  |  |  |  |  |  |  | 21 22 16 5 |  |
| 7 | 9 | 15 | 15 | 18 | 6 | 11 | 17 | 17 | 13 | 13 | 8 | 2 | 2 | 20 | 10 |  |  |  |  |  |  |  | 21 22 16 5 4 |  |
| 6 | 9 | 6 | 18 | 15 | 6 | 11 | 7 | 17 | 14 | 13 | 8 | 2 | 19 | 20 | 10 |  |  |  |  |  |  |  | 21 22 16 5 4 10 |  |
| 5 | 1 | 6 | 9 | 6 | 9 | 11 | 7 | 17 | 14 | 13 | 8 | 2 | 19 | 20 | 10 |  |  |  |  |  |  |  | 21 22 16 5 4 10 |  |
| 4 | 9 | 18 | 15 | 15 | 9 | 11 | 7 | 17 | 14 | 13 | 8 | 2 | 19 | 20 |  |  |  |  |  |  |  |  | 21 22 16 5 4 10 |  |
| 3 | 1 | 18 | 18 | 6 | 9 | 11 | 7 | 16 | 14 | 13 | 8 | 2 | 19 | 20 |  |  |  |  |  |  |  |  | 21 22 16 5 4 10 |  |
| 2 | 1 | 18 | 9 | 15 | 6 | 1 | 17 | 17 | 14 | 13 | 8 | 2 | 19 | 2 | 10 | 4 | 5 | 16 | 22 | 21 |  |  | 21 22 16 5 4 10 |  |
| 1 | 18 | 15 | 1 | 9 | 6 | 11 | 17 | 7 | 14 | 13 | 8 | 19 | 2 | 20 |  |  |  |  |  | 21 |  |  |  |  |
| 名次 |  | 15 | 1 | 9 | 6 | 11 | 17 | 7 | 14 | 13 | 8 | 19 | 2 | 20 | 10 | 4 | 5 | 16 | 22 | 21 |  |  |  |  |

50

## 85. 终点摄影系统应具备哪些条件？

答：（1）必须由发令枪或经批准的发令装置自动启动。

（2）采用一架设在终点延长线上的摄影机和每秒至少 50 帧画面的录像带。

（3）装有一个能导读出 1/100 秒读数的计时仪器。当使用逐格录像系统时，每名运动员以恰好抵达终点瞬间的那张画面或抵达终点瞬间之后的第一帧画面所显示的时间为正式时间。

（4）经过比赛举办国批准。

（5）能产生一张显示每个运动员的时间的图片。该系统由每秒至少 100 线的 CCD 摄像机，1 台计算机和与之匹配的电动计时装置联机组合而成。该系统应由 1 个独立的测试实验室进行校正检验。全自动终点摄像系统所产生的图像必须与计算机系统同步。

## 86. 径赛应设终点柱吗？

答：终点采用全自动电子计时或全程录像装置设施时，可不设终点柱，如对终点摄影机没有干扰或基层运动会，可在终点线延长线上距跑道两侧边缘至少 30 厘米的地方分设两根白色柱子。它的结构坚固，高 1.40 米、宽 8 厘米、厚 2 厘米。

## 87. 终点记录员有何任务？

答：主要任务有三：① 检查每组比赛的名次和成绩是否相符，如有交叉，在径赛裁判长指导下适当调整。决赛项目事先商定，如由终点填写成绩报告表（见表 4.8），应填 5~7 份。其他赛次则直接将名次和成绩填入检录单内。② 如有犯规，将处理后的检查员报告表贴在该运动员卡片后。③ 破纪录时，将该组风速抄录在表（单）右上角。填写完毕，检查无误，请径赛裁判长审核签名后交服务员送记录公告组。

表 4.8　径赛成绩报告表

组别：　　　　项目：　　　　决赛

| 名次 | 一 | 二 | 三 | 四 | 五 | 六 | 七 | 八 |
|------|----|----|----|----|----|----|----|----|
| 号码 |    |    |    |    |    |    |    |    |
| 姓名 |    |    |    |    |    |    |    |    |
| 单位 |    |    |    |    |    |    |    |    |
| 成绩 |    |    |    |    |    |    |    |    |
| 备注 |    |    |    |    |    |    |    |    |

径赛裁判长：　　　总记录：　　终点记录员：　　　　年　月　日

# 六、计时组

## 88. 计时组裁判员编制、分工与职责是什么？

答：（1）编制。每条分道设 1 名计时员，加主裁判和 2 名专计第 1 名的计时员，共计 12 人。若每条道设 3 名计时员，编制为 26 人。

（2）分工与职责。

计时主裁判 2 人

赛前：与发令员、编排记录公告和终点主裁判商定联络事宜；签收、核对卡片。

赛中：1 人主管每组比赛前分发卡片，提示举枪和回表；另 1 人主管每组比赛后收卡片，核对成绩破纪录时请事先商定的负责者验表。

赛后：统计计时存查表（见附表 16）。

计时员 10 人或 24 人。职责是准确迅速计取每组运动员的成绩、填写卡片和计时存查表。

## 89. 计时台设在何处？

答：设在终点线延长线下，距跑道外突沿至少 5 米处。分道跑和部分分道跑比赛，计时员（小组）按 1 ~ 8 道次顺序由下至上就座。如坐看台上，应在终点组前或侧面。每道 3 名计时员，1 表（小组长）坐左、2 表（记录员）坐中、3 表（记存查表）坐右。不分道跑比赛，按 1 表至 10（24）表顺序坐在终点线后第 8 分道内的长条凳上，以便运动员脱圈后单独报圈。

### 90. 计时有几种方法？

答：有手计时和全自动电子计时两种方法。在我国举行的国际比赛和国内 a、b、c 三类比赛，这两种方法应同时采用。中小型比赛可用手计时方法。

### 91. 开、停、回表以何为准？

答：开表应从发令枪发出的烟或闪光开始。停表则从运动员身体躯干（不包括头、颈、臂、手、脚）的任何部分抵达终点线后沿垂直平面的瞬间为准。回表以现场指挥或宣告员按响门铃为准，基层运动会由计时主裁判统一指挥回表。

### 92. 怎样换算所计取的成绩？

答：（1）手计时成绩：凡在跑道上举行的各项手计时成绩，都要换算成 0.1 秒。部分或全部在场外举行的各项手计时成绩，应换算成整秒，如马拉松 2：12：40.07，应换算成 2：12：41 秒。使用机械秒表，停表后指针指在两线之间，按较差的时间计算。用 0.01 秒的机械秒表或人工操作的数字式电子表，其小数点后面的数不是零时，应进位成较差的 0.1 秒，如 11.03 应记录为 11.1。

（2）全自动电子计时成绩，胶片上必须均匀地标记出 0.01 秒的累进时标，时间应判读到较差的 0.01 秒。

### 93. 如何选择决定成绩？

答：选择决定（正式）成绩时：3 只正式表中，两只表所计成绩相同而第 3 只表不相同时，应以这两只表所计成绩为准，例如，3 只表所计成绩为 11.19、11.11、11.21，决定成绩记录为 11.2；3 只表所计成绩各不相同，以中间成绩为准，例如，11.09、11.11、11.23，决定成绩记录为 11.2；如只有两只表，所计成绩又各不相同时，应以较差的时间为决定成绩，例如，11.01、11.23，应为 11.3。

基层比赛，如只有 1 或 2 个赛次时，为减少重赛或多个各次成绩相等，手计时成绩可不进位，仍用 0.01 秒来录取，但在规程中应明文规定。

### 94. 采用什么方法计取分道跑的成绩？

答：用固定道次的计时方法，即 1～8 道的计时员，分别计取其相应道次运动员的成绩。如运动员串道，按本道计时员计前者、后面各次由里向外的原则计取成绩，如 1、2 道的运动员均串入 3 道，3 道计时员记 3 道中第 1 名，1 道计时员计 3 道中第 2 名，2 道计时员计 3 道中第 3 名；又如 2、4 道的运动员均串入 3 道，计时原则与前者相同，仍为 3 道计时员计 3 道中第 1 名，2 道计时员计 3 道第 2 名，4 道计时员计 3 道中第 3 名。

如遇串道时，有关道次的计时员应在卡片相应赛次备注栏中注明。

### 95. 采用什么方法计取部分分道跑的成绩？

答：部分分道跑的计时方法有两种：

（1）按固定道次计时，方法同 94 题。采用此法，计时员应看准本道运动员的特征及其跑进中相对位置的变化。以防错漏。

（2）按固定名次计时：方法是 1～8 道的计时员计取与其本道次号相同名次运动员的成绩。采用此法，必须看准所计各次运动员的号码或小号码、道次号码。

## 96. 为何不分道跑多采用"人盯人"计取成绩?

**答**：不分道跑比赛，每组人多、脱圈机会多，"人盯人"的方法计取成绩最保险。

具体工作方法如下：终点裁判员和计时员统一调用。设终点组和计时组，前者包干翻牌报圈、记总圈和记脱圈（方法请阅 83 题和 84 题），后者负责"人盯人"计取成绩。两组同步进行。

"人盯人"即每个计时员包干 1 名运动员的已跑圈数、剩余圈数、每圈成绩、脱圈后单独报圈及其到终点的名次和成绩。出发后按卡片上的号码或小号码寻找该运动员，并抓住其特征和跑进中相对位置的变化，直到他到达终点为止。如他被超（脱圈）圈时应单独为他报圈（站在其右前方叫××号还有××圈）。当其退场时，应在计时记圈表相应圈次中注明"中退"，以便查证。当该运动员还剩最后约 30 米时，负责该运动员的计时员应提示主管旗示的终点主裁判"××号到"。

## 97. 怎样计取每 1000 米的成绩?

**答**：3 000 米及 3 000 米以上各径赛项目和 3 000 米障碍赛均应计取每 1000 米的成绩。

（1）在 400 米跑道上举行 3 000 米及 3 000 米以上各径赛项目的比赛，每 1 000 米都应跑 2 圈半。计取 3 000 米和 5 000 米的第 1、3……个 1 000 米成绩应在终点处，第 2、4……个 1 000 米成绩应在 200 米起点处。10 000 米比赛计取每 1 000 米成绩的地点与 3 000 米正好相反。因此，起跑前应在 200 米起点处插一面标志旗，以便较准确地计取成绩。

（2）3 000 米障碍跑每 1 000 米计取成绩地点

① 每圈 390 米，水池在北弯道内按附表 21 中的距离和地点计取每 1 000 米的成绩。

② 每圈 421 米，水池在北弯道外按附表 22 中的距离和地点计取每 1 000 米的成绩。

起跑前应在 1 000 米和 2 000 米处插上不同颜色的标志旗，以便较准确地计取成绩。

## 98. 哪些成绩应有三名计时员计取？

答：凡每组第 1 名的成绩、全能径赛项目每名运动员的成绩和破纪录成绩，均应有 3 名计时员计取。

## 99. 全自动电子计时器失灵，如何出具成绩？

答：当某项某赛次中的一组或几组，因故无全自动电子计时成绩时，可采用以下两种办法出具成绩：① 将上述一组或几组的手计时成绩作为正式成绩公布，其他各组仍以全自动电子计时成绩公布。② 将该赛次各组手计时判读到 1/100 秒的成绩作为录取后继赛次和组次的依据。

# 七、检查组

## 100. 检查组裁判员编制、分工与职责是什么？

答：（1）编制 6 人或 6 人以上，塑胶跑道 16 人以上。
（2）分工与职责。
检查主裁判 1~2 人
赛前：与径赛裁判长、发令员、赛前控制中心和正终点及场地器材主裁判商定有关事宜。
赛中：每组比赛开始前以旗示询问各检查员是否准备就绪：如遇犯规，先向径赛裁判长报告本组有犯规，然后赶至犯规现场向有关检查员了解情况，签署处理意见后将检查员报告表交径赛裁判长处理。
赛后：组织总结和收还器材。

检查员 4 人以上

赛前：熟悉联络旗示、方法和换位路线；检查场地器材，特别是栏间距离、栏架规格等。

赛中：按分工位置检查犯规；检查栏位与栏架高度；接力跑接收检录单，并组织接力区运动员上道；中长跑比赛收中途退出运动员的小号码。

## 101. 检查组采用哪些联络旗示？

**答**：（1）预备旗示：检查员和主裁判均将旗侧平举。

（2）询问准备就绪旗示：主裁判和检查员均从预备旗示，同时将旗至屈臂经体前上举。

（3）换位旗示：检查主裁判将旗侧平举至头前上方左右摆动。

（4）犯规旗示：检查员将旗侧平举至头前上方左右摆动。

（5）无犯规旗示：运动员通过本区域，若无犯规，检查员立即面向检查主裁判将旗上举。

（6）集合旗示：主裁判将旗侧平举至头上画圈。

## 102. 怎样分布检查员的位置？

**答**：检查主裁判始终位于终点线前约 10 米处第 8 道外侧，也可定位于终点线后约 5 米距跑道内突沿约 1 米处。检查员按项目不同而定。

（1）直道径赛项目分布在起点线后约 5 米处，每人分管两个道次，目送运动员通过终点。

（2）直道跨栏项目，按栏分工，1、2 号检查员负责第 1、第 2 栏，3、4 号检查员负责第 3、第 4 栏，余类推。

（3）200 米比赛，交错分布在弯、直道两侧距内外突沿约 2 米处。内侧检查员的目光随运动员跑进而移动，外侧检查员先迎面观察，再从背面观察。检查重点在弯道和弯直道交接处。

（4）400 米和 800 米的比赛，检查员分布在两个弯道内外弧顶和弯直道分界线两侧，800米比赛抢道标志线两侧各分布1名检查员。弯道检查同200米，直道部分按本题（1）所述进行检查。

（5）400米栏，检查员分布在栏的两侧。

（6）1 500米以上项目和场内竞走比赛，检查员分布在跑道外侧适当位置，重点检查弯直道交接处和起跑、弯道超人有无犯规。

（7）4×100米接力，检查员主要分布在接力区前后沿；4×400米接力除按400米跑分布外，还应在第一接力区和抢道标志线加强力量，并作重点检查。

（8）3 000米障碍跑，检查员应分布在障碍栏架和水池两侧。

4×100米接力是集体项目，竞争又激烈，必要时分管径赛的副总裁判和径赛裁判长应到第1、第2、第3接力区亲自执行检查任务。

## 103. 检查员何时向检查主裁判举旗示意？

**答**：（1）每组比赛前检查主裁判将旗侧平举时，检查员亦立即将旗侧平举，双方再将旗上举。

（2）比赛中当运动员通过主看区域，无论有无犯规均应立即举旗示意（犯规举黄旗）。

## 104. 检查员从哪些方面进行检查？

**答**：（1）分道跑和部分分道跑。

① 直道：串道、阻挡、跌倒后影响他人。

② 弯道：踏上或超过左侧分道线。

③ 未通过抢道标志线就切入里道跑进。

（2）1500米以上各径赛项目。

① 推、挤、撞、踩脚。

② 有意控制、阻挡、夹击他人跑进。

③ 强行从他人左侧超越。

④ 离开跑道、路线后又继续跑进。运动员离开该项目比赛场地或与场外人员对话。

⑤ 在规定的饮水或饮料站以外接受饮水、饮料或饮食。

⑥ 接受任何方式传递建议、信息或直接帮助和包括由非参加者、已被脱圈者或将被脱圈者的跑或走运动员或用任何技术设备在比赛中提供的速度分配帮助。

（3）跨栏跑、障碍跑、接力跑比赛检查犯规，请阅 108、113、114 及 123 题。

## 105. 检查员发现犯规如何处理？

答：按以下 4 个程序处理：

（1）看准犯规运动员号码和被影响运动员号码或道次、犯规地点。

（2）在犯规地点做上标志。

（3）运动员通过主看区域后，立即举犯规旗示向检查主裁判示意，当主裁判来到犯规现场时，向其说明犯规情节和犯规性质。

（4）填写检查员报告表（见表 4.9），签名后交检查主裁判处理。

**表 4.9　检录员报告表**

组别＿＿＿　　项目＿＿＿　　赛次＿＿＿　　组次＿＿＿

| 犯规运动员号码 | | 被影响运动员号码 | |
|---|---|---|---|
| 犯规地点和情况 | | | |
| 检查主裁判处理意见 | | 径赛裁判长处理意见 | |

总裁判＿＿＿　　检查员＿＿＿　　　　　　年　　　月　　　日

## 八、跨栏跑与障碍跑

## 106. 怎样摆放各分道的栏架？

答：各项跨栏跑，按表 4.10 中有关数据摆栏。

表 4.10　跨栏跑数据

| 组别 | 项目 | 栏数 | 栏高 | 起点至一栏 | 栏间距离 | 最后一栏至终点 |
|---|---|---|---|---|---|---|
| 男 | 110 | 10 | 1.067 | 13.72 | 9.14 | 14.02 |
|  | 400 | 10 | 0.914 | 45 | 35 | 40 |
| 女 | 100 | 10 | 0.840 | 13 | 8.5 | 10.5 |
|  | 400 | 10 | 0.762 | 45 | 35 | 40 |
| 少年男甲组（16～17岁） | 110 | 10 | 1.00 | 13.72 | 8.9 | 16.18 |
|  | 200 | 10 | 0.762 | 16 | 19 | 13 |
|  | 400 | 10 | 0.914 | 45 | 35 | 40 |
| 少年男乙组（15岁） | 110 | 10 | 0.914 | 13.72 | 8.7 | 17.98 |
|  | 300 | 8 | 0.840 | 15 | 35 | 40 |
| 少年女甲组（16～17岁） | 100 | 10 | 0.840 | 13 | 8.5 | 10.5 |
|  | 400 | 10 | 0.762 | 45 | 35 | 40 |
| 少年女乙组（15岁） | 100 | 10 | 0.840 | 13 | 8 | 15 |
|  | 300 | 8 | 0.762 | 15 | 35 | 40 |
| 备注 | 1. 栏架高度公差±3毫米；2. 栏架底座的脚应朝运动员跑来方向 | | | | | |

## 107. 碰倒栏架是否犯规？

答：不算犯规。即不取消其比赛资格，也不妨碍承认记录。

## 108. 跨越栏架违反哪些规定应判犯规？

答：属于下列情况之一者才判犯规：

（1）过栏瞬间运动员的腿或足低于栏顶水平面。

（2）跨越他人的栏架。

（3）裁判长认为有意用手或脚推倒栏架者。

## 109. 跨栏有无规格限定？

答：正式比赛栏架的结构和规格均有规定。

结构：栏架用金属或其他材料制成，顶端横木系木料或其他适宜材料制成。栏架包括两个底座的脚和由一条或数条横木加固用以支撑长方形框架的两根立柱，立柱固定在各底座的远端。横木顶端中央至少要施加相当于 3.6 千克的力才能推倒栏架，方为及格。栏架高度可按不同项目调整。重量调节器亦可按栏架的不同高度予以调整，使各种高度的栏架至少需要 3.6 千克（最多 4 千克）的力方可推倒。

规格：栏架高度请阅 106 题，宽度为 1.18 米～1.20 米，底座最长为 0.70 米，总重量不得小于 10 千克；栏顶横木宽 7 厘米，厚 1～2.5 厘米，横木边缘应抹圆，两端要固定；横木漆成黑白相间，两端为白色条纹，条纹宽度至少 22.5 厘米。

## 110. 障碍跑应跨越多少次障碍？

答：3 000 米障碍跑必须跨越 28 次栏架和 7 次水池；2 000 米障碍跑必须跨越 18 次栏架和 5 次水池。

## 111. 障碍跑水池是每圈第几个障碍物？

答：3 000 米障碍跑，水池栏架是每圈第 4 个障碍物；2 000 米障碍跑第 1 圈为第 2 个障碍物，以后各圈则为第 4 个障碍物。

## 112. 障碍物之间的距离是多少？

答：如果水池设在北弯道的里面，每圈距离为 390 米，全程距离为 7 圈加 270 米，即 $7 \times 390 + 270 = 3\ 000$ 米。

| | |
|---|---|
| 起点至第 1 圈开始处距离 | 270 米 |
| 第 1 圈开始处至第 1 栏 | 10 米 |

障碍物（栏架、水池）之间距离        78 米

第 4 栏至终点        68 米

水池设在北弯道的外面，每圈距离为 421 米，全程距离为 7 圈加 53 米，即 7 × 421 + 53 = 3 000 米。

起点至第 1 圈开始处距离        53 米

第 1 圈开始处至第 1 栏        19.83 米

障碍物（栏架、水池）之间距离        84.20 米

第 4 栏至终点        64.37 米

### 113. 跨越障碍时手扶（撑）障碍栏架是否犯规？

答：除过栏瞬间，除其腿或足低于栏架顶端水平面者外，用任何方式跨越均不算犯规。

### 114. 跨越水池踩在水池两侧地面是否犯规？

答：运动员必须越过或涉过水面。凡踏上水池两边的任一边，均应判为犯规。

### 115. 水池有无规格限定？

答：有。必须符合：水池（包括其后沿栏架）的长度男为 3.66 米（±2 厘米），女为 3.06 米（±2 厘米），宽度均为 3.66 米，四周应与跑道地面齐平。它的后端（靠栏架一侧）池底深 70 厘米，池壁前为 30 厘米宽的平底，然后池底有规律地向前上方成斜坡，直至远端与跑道地面齐平。池底远端应铺适当材料，宽至少 3.66 米，长至少 2.50 米，厚大约不超过 2.5 厘米。

# 九、接力跑

## 116. 接力区距离多长？

答：包括前后沿标志线（位线）在内为 20 米。

## 117. 接棒运动员可否在接力区后沿位线之后起跑？

答：4×100 米接力、4×200 米接力跑可以。该两项比赛第 1、第 2、第 3 接力区后沿位线之后 10 米处各画有 1 条预跑线，接棒运动员可以在预跑线前起跑，但传接棒必须在接力区内完成。4×400 米接力、4×800 米接力，没有预跑线的规定，所以接棒运动员只能在接力区内起跑。

## 118. 接力赛跑一人能跑两棒的距离吗？

答：不能。因为接力队必须由 4 人组成。

## 119. 接力赛跑可否换人？

答：可以。但必须符合下列规定："替补队员应是已报名参加运动会的接力或其他项目比赛的运动员；一旦接力队开始比赛，该队只能有两人作替补参加后继赛次的比赛；已参加过比赛的运动员一旦被人替换，则不能再参加该项后继赛次的接力比赛。"

## 120. 接力赛跑事先应声明队的组成和棒次顺序吗？

答：每一赛次之前（具体时间由大会规定），必须声明接力队的组成及其各棒运动员的顺序。

### 121. 传接棒是否在接力区内完成？以何为准？

答：所有接力赛跑，必须在接力区内传递接力棒。接力棒只有传到接棒运动员手中的瞬间才算完成传棒。是否在接力区内，取决于接力棒的位置，而不取决于运动员身体任何部分。

### 122. 接力赛跑掉棒是否犯规？

答：不算犯规。但违反下列情况，则应判犯规：

（1）如发生掉棒，必须由掉棒运动员拾起。

（2）允许掉棒运动员离开自己的跑道去拾棒，但不得因此缩短距离。如果拾棒时缩短距离或侵犯其他运动员时，则取消该运动员的比赛资格。

### 123. 接力赛跑违反哪些规定应判犯规？

答：违反下列情况之一者，应判犯规：

（1）未在接力区内完成传接棒者。

（2）未手持接力棒跑完全程者。

（3）传接棒时抛掷者。

（4）接受助力（如推动跑出）跑进者。

（5）跑出各自的分道影响他人者。

（6）部分分道接力项目，未跑完规定的分道距离并通过抢道标志线，就切入里道跑进者。

（7）传接棒时或传接棒后阻挡他人跑进者。

（8）传接后跑错位置或跑出各自的分道而故意阻挡他队队员者。

### 124. 4×400 米接力排定第 3、第 4 棒的接棒顺序以何为准？

答：以同队传接棒运动员跑完 200 米（200 米起点为准）时的先

后顺序，由里到外排列各队接棒位置。位置一经排定，不得改变。

## 125. 接力棒有无规格？

答：有。它必须符合：是用整段木质等适宜的坚固材料制成的光滑空心圆管。长 28～30 厘米，周长 12～13 厘米，重至少 50 克，颜色应明显可见。

# 十、公路赛跑

## 126. 公路赛跑裁判员编制、分工与职责是什么？

答：裁判员编制应根据路线、分组、参赛人数而定。现以 1995 年 3 月北京国际女子公路接力赛·长城友好公路接力赛跑裁判员的编制与分工列表（见表 4.11）为例。

表 4.11　公路接力赛跑裁判员编制与分工表

| 总裁判 1 人 | | | 副总裁判 4 人 | |
|---|---|---|---|---|
| 组　别 | 组　长 | 副组长 | 裁判员 | 职　责 |
| 赛前控制中心 | 1 | 1 | 10 | 点　名 |
| 发　令 | 1 | | 1 | 准时鸣枪 |
| 检　查 | 1 | 1 | 25 | 安全，判定犯规 |
| 第一接力区 | 1 | 1 | 6 | 报话、计时、记录 |
| 第二接力区 | 1 | 1 | 4 | 同　上 |
| 第三接力区 | 1 | 1 | 4 | 同　上 |
| 第四接力区 | 1 | 1 | 3 | 同　上 |

续表 4.11

| 组 别 | 组 长 | 副组长 | 裁判员 | 职 责 |
|---|---|---|---|---|
| 第五接力区 | 1 | 1 | 3 | 同 上 |
| 终点计时 | 1 | 1 | 3 | 计时,判定名次 |
| 记录公告 | 1 | 1 | 4 | 团体名次,各区前 10 名成绩 |
| 路线丈量 | 1 | | | |
| 电 脑 | 1 | | 3 | |
| 场地器材 | 1 | 1 | 4 | |
| 计时器管理 | | | 2 | |
| 兴奋剂检查 | | | 2 | |
| 联 络 | | | 1 | |
| 共 计 | 18 | 10 | 75 | |
| 总 计 | | | 103 | |
| 备 注 | 国际性比赛,应设组织、技术、医务代表 | | | |

## 127. 公路赛跑有哪些组别和项目?

答:组别和项目有:男女标准距离为 15 公里、20 公里、半程马拉松(21.097 5 公里)、25 公里、30 公里、马拉松(42.195 公里)、100 公里和公路接力赛跑。

## 128. 公路赛跑的路线如何选择?

答:公路赛跑应在公路上进行,如因交通繁忙或类似环境不宜比赛,路线可设在路旁的自行车道或人行道上,加上适当的标志,但不得通过路旁草地等柔软地段。起终点可设在田径场内。

按标准距离举行公路赛跑,起终点之间的直线距离不得超过比赛距离的 30%。海拔高度下降不得超过 1/1 000,即每公里不超过 1 米。

## 129. 怎样丈量公路赛跑路线的距离？

答：路线丈量应在比赛可用的公路部分内，沿运动员所能跑过的最短路线进行丈量。路线的长度不得短于该项比赛的正式距离。举办国际 a 类比赛，可能时也包括 b、c 类比赛，应用区别于其他标志的醒目颜色沿公路标出测量线，丈量误差不得超过 0.1%（马拉松为 42 米）。

为防止以后再丈量时路线长度不足，设计路线时，加入一个"防止路线缩短系数"作自行车丈量用。这个系数为 0.1%，即是说，每 1 公里的路线要有 1 001 米的丈量长度。

路线距离赛前应经 1 名国际田联批准的路线测量员鉴定合格。

## 130. 怎样计取公路赛跑的名次和成绩？

答：公路赛跑计时（名次）的方法有三：

（1）按名次计时：可按规程规定录取名额配备计时员。每名计时员计取 1 个名次，也可兼计，如计第 1 名兼计第 11 名，计第 2 名兼计第 12 名，余类推。当所计运动员到达终点停表（停分段）时，先看准其号码（必要时，跟随跑进，核对号码、姓名、单位），并立即填入卡片后，再看表填成绩，签名将卡片交计时主裁判。迅速跑至排尾计取以下兼计名次的号码和成绩。

（2）"打接力"：基层比赛人多、表的误差较大时，可用此法。起跑鸣枪时，开表 1 ~ 3 只（总表）根据赛场实况和需要（最好总表是整分）停总表，同时开所有的分表（由计时主裁判统一指挥）。当所计运动员或名次的运动员到达终点时停表（分段），在卡片上填上所计运动员的号码、成绩（运动员名次的成绩应是"总表 + 分表"的成绩）。

（3）"报时"：基层比赛，人多秒表误差较大时，可用报时方法计取成绩。起跑鸣枪时，开表 1 ~ 3 只，并配备一定数量的名次、号码记录员，当所记名次或运动员到达终点时，计时员所报时间即是该名次或运动员的成绩。记录员将其号码和成绩填入卡片并签名后交计时主裁判。

### 131. 如何设置公路赛跑的饮（用）水/饮料站？

答：应按下列规定设置饮（用）水/饮料站：

（1）起终点应备饮水或其他适当的饮料。

（2）10 公里及 10 公里以下各项目，应根据气候情况大约 2～3 公里的间隔设饮（用）水/饮料站。10 公里以上项目约 5 公里及以后每隔 5 公里设站。马拉松赛 5、10、15、20、25、30、35、40 公里应各设饮水/饮料站 1 个。7.5、12.5、17.5、22.5、27.5、32.5、37.5 公里各设 1 个只供水的饮水用水站。饮水/饮料站备用杯子，用水站准备足够的海绵块。

自备饮料，从运动员或其代表上交之时起，应始终处于组委会指派人员监督之下。

### 132. 公路赛跑应采取哪些安全措施？

答：运动员报名时应有体检合格证明和单位盖章；比赛中，组委会应派正式医务人员作现场检查、救护；保证停止比赛路线上来往的机动车辆。

### 133. 马拉松比赛裁判员编制、分工与职责

答：编制应根据路线、报名人数、组别而定。现以 1994 年北京国际马拉松赛裁判员及助理裁判员编制、分工为例（见表 4.12）。

表 4.12 1994 年北京国际马拉松赛裁判员编制与分工表

| 序号 | 组别 | 组长 | 副组长 | 裁判员 | 职责 | 助理裁判员及职责 | 录音机 |
|---|---|---|---|---|---|---|---|
| | 总裁判1人 | | | | 副总裁判2人 | | |
| 1 | 赛前控制中心 | 1 | 1 | 3+5 | 点 名 | | |
| 2 | 发 令 | | | 1 | 准时鸣枪 | | |
| 3 | 内场检查 | 1 | 1 | 3 | 引方向,判定犯规 | | |
| 4 | 路线检查 | 1 | 1 | 18 | 引方向,安全,判定犯规 | 19人,协助检查 | |
| 5 | 5公里 | 1 | | 2 | 计时,记录前3名成绩 | 3人,供水/饮料 | |
| 6 | 10公里 | 1 | | 2 | 同 上 | 3人,同上 | |
| 7 | 15公里 | 1 | | 2 | 同 上 | 3人,同上 | |
| 8 | 20公里 | 1 | | 2 | 同 上 | 3人,同上 | |
| 9 | 25公里关门站 | 1 | 1 | 2 | 同上,并关门 | 3人,同上 | 1台 |
| 10 | 30公里 | 1 | | 2 | 同 上 | 3人,同上 | |
| 11 | 35公里关门站 | 1 | 1 | 2 | 同上,并关门 | 3人,同上 | 1台 |
| 12 | 40公里 | 1 | | 2 | 同 上 | 3人,同上 | |
| 13 | 半程计时 | 1 | | | 计取、记录过半程运动员的成绩 | | |
| 14 | 转折点 | 1 | | 2 | 记录通过转折点运动员的号码 | 1人,协助记录号码 | 1台 |
| 15 | 终 点 | 1 | 1 | 4 | 判定名次 | | 1台 |

续表 4.12

| 序号 | 组别 | 组长 | 副组长 | 裁判员 | 职 责 | 助理裁判员及职责 | 录音机 |
|---|---|---|---|---|---|---|---|
| 16 | 终点计时 | 1 | 1 | 8 | 计取成绩 | 15 人，管理现场 | 1 台 |
| 17 | 用水站 | 1 | 1 | 5 | 送水到站 | 14 人 | |
| 18 | 送饮料 | 1 | | 3 | 送饮料到站 | | |
| 19 | 车载通讯 | 1 | | 2 | 及时发回各组男女前 3 名的成绩 | | |
| 20 | 总记录 | 1 | 1 | 3 | 编排、算总分、排名次 | 1 人，传送成绩 | |
| 21 | 收容车 | 1 | | 2 | 请中退运动员上车休息 | 3 人 | |
| 22 | 送公里牌 | 1 | | 2 | 送标志牌到各公里站 | 6 人 | |
| 23 | 计时车 | 1 | | 1 | 管理、调开计时器 | 2 人 | |
| 24 | 场地器材 | 1 | | 4 | 内场隔离墩等 | | |
| 25 | 广播 | 1 | 1 | | 宣告成绩等事宜 | 2 | |
| 26 | 合计 | 24 | 10 | 76 | | | |
| 27 | 总计 | | | 114 | | 87 人 | 5 台 |
| 备 注 | | | | | | | |

## 134. 马拉松比赛怎样设置路线标志牌？

答：（1）标志牌：马拉松赛应有下列标志牌：

① 每公里标志牌，高 1 米，大小 50×40 厘米。

② 每 5 公里标志牌，高 1 米，大小 60×50 厘米。

③ 关门标志牌，高 1.5 米，大小 80×60 厘米。

④ 转折点标志塔，高 2 米的圆形或三棱柱物体。

⑤ 饮（用）水站标志牌，规格同（1）①。

（2）标志牌设在路旁醒目处，亦可悬空挂在公路中央，使运动员知道已跑路程和剩余距离。转折点标志塔应放在公路中央。

## 135. 马拉松比赛检查员分布何处？

**答**：检查员应分布在全线各个路口，特别是改变跑进方向的复杂地段应增派人员。他们的职责是检查犯规和指引跑进方向。必要时应设 1 名检查员尾随。

检查主裁判可乘摩托车来回于首尾运动员之间巡视，向检查员询问有无犯规，并处理有关事宜。

## 136. 马拉松比赛如何向运动员报时？

**答**：大型比赛，应在领先运动员前面 20~30 米设车载电动计时显示器，同样每 5 公里站也应有该显示器，以此向运动员报时。如不具备此条件，可设计人工翻牌报时装置。

## 137. 怎样计取马拉松比赛的成绩？

**答**：为了准确计取总成绩、分段成绩和向运动员报时，终点计时员和车载电动计时显示器可在起点开表（启动），再按运动员到达终点的顺序计取成绩。每 5 公里站和半程计时员，按大会规定的出发时间就地开表（事先校表）和启动电动计时显示器，当男女组前 3 或 10 名运动员抵达该站时，按其顺序将名次、号码、成绩记录在表格内，交车载通讯裁判员传回总记录组。

马拉松赛总成绩和每 5 公里分段成绩以及前半程成绩均应记录为整秒。

### 138. 马拉松接力跑共分几段？

答：马拉松接力跑的距离与马拉松相同，理想路线为 5 000 米以上的环形路线。全程可分 6 段，第 1、第 3、第 5 段的距离各为 5 公里，第 2、第 4 段各为 10 公里，第 6 段为 7.195 公里。

青年公路接力赛的距离为半程马拉松。全程共分为 4 段，第 1、2、3 段的距离各为 5 公里，第 4 段为 6.098 公里。

### 139. 马拉松接力跑是否用接力棒？

答：因各段距离较长，可用接力带或经批准的其他器材代替接力棒。接力带（简称带）宽 5～10 厘米，周长 100～120 厘米为宜。运动员必须将带由肩斜背到腋下，进入准备区后可取下拿在手中准备传接。传接带必须在接力区内完成，判定时以带为准。男女带的颜色应不同。

### 140. 怎样计取马拉松接力跑的成绩？

答：马拉松接力跑的成绩包括各队总成绩、各段前 1 或 3 名的成绩两部分。

总成绩由终点计时员计取，从第 1 段的运动员出发开表，至第 6 段的运动员抵达终点瞬间停表所计取的时间，即为各队排列名次的总成绩。

各段（接力区）计取成绩的方法：按大会规定的出发时间就地开表（事先校表）和启动电动计时显示器，当运动员顺序抵达接力区后沿位线（标志线）瞬间停表（停分段）所计时间，即为分段（累计）成绩。

各段第 1 或前 3 名成绩计算（以第 2 段第 1 名为例）：除第 1 段外，后一段的累计时间减前一段运动员所跑时间，即为后一段运动员实跑时间。第 1 段运动员的成绩是从鸣枪出发至其达到第 1 接力区后沿位线所跑时间，第 2 段运动员的成绩，则为他跑至第 2 接力区后沿位线的累计时间减去第 1 段运动员所跑时间的剩余时间。

# 十一、越野跑

## 141. 越野跑裁判员编制、分工与职责是什么？

答：越野跑裁判员编制应根据组别、各组报名人数、路线复杂程度而定。裁判员分工与职责可参考 126 题。

## 142. 越野跑包括哪些组别和项目？

答：国际田联世界越野赛跑团体锦标赛的组别和距离如下：

| | | | |
|---|---|---|---|
| 男子长距离 | 12 公里 | 男子短距离 | 4 公里 |
| 青年男子 | 8 公里 | | |
| 女子长距离 | 8 公里 | 女子短距离 | 4 公里 |
| 青年女子 | 6 公里 | | |

基层越野跑可不受此限。

## 143. 怎样选择越野跑的路线？

答：越野跑路线应尽量限于田野、荒野、空地及草地，可包括有限的耕地。横穿公路应减至最低。路线应避免很高的障碍物，其他如深坑、危险的上下坡、茂密丛林……总之，一切造成困难而背离比赛宗旨的阻碍物，均应避免。

路线上亦不宜设置人工障碍，但为促进此项运动而不得不设置时，也可模拟旷野中的自然障碍物。起跑 1 500 米内不得有狭窄地段或其他障碍物，以免造成阻滞。

比赛路线为环形路线时，每圈距离应不少于 2 200 米。

## 144. 怎样丈量越野跑路线的距离？

**答**：越野跑路线的距离、丈量要求和方法请阅 129 题。

在向参加单位寄发竞赛规程时，应将距离和路线简介一并寄发。

## 145. 越野跑路线必须设标志吗？

**答**：必须为比赛路线做出明显的标志。可取办法是在路线两边设置栅栏或障碍物，如条件不允许，至少应在其两边用连接的绳或带做出标志。

## 146. 山地越野跑路线有何规定？

**答**：比赛路线可设计成环形。山地越野跑的主要路线应离开公路在山野举行，其中包含一定数量的上坡（主要是上坡）跑或上坡/下坡跑，后者的起终点在同一高度。全程跑经沥青公路的距离不得超过20%，国际比赛上坡总量（距离）请阅 147 题。

## 147. 山地越野跑有哪些组别和项目？

**答**：国际比赛不同组别，大致路线和上坡距离亦有区别。设计可分为两种：

（1）主要为上坡的山地越野跑：组别有男子组、女子组和青年男子组。其中男子组全程距离 12 公里，上坡距离 1 200 米；女子组全程距离 7 公里，上直距离 550 米；青年男子 7 公里，上坡距离 550 米。

（2）起终点设在同一高度的山地越野跑：组别有男子组、女子组和青年男子组，其中男子组全程距离 12 公里，上坡距离 700 米；女子组全程距离 7 公里，上坡距离 400 料；青年男子组全程距离 7 公里，上坡距离 400 米。

## 148. 越野跑和山地越野跑如何分布检查员?

**答**：可采用定点和流动相结合的方法分布检查员的位置。定点，即在全线主要路口、复杂地段或上下坡处各设 1 名检查员。流动，即检查主裁判带领 5~10 名检查员，在规定的地段来回巡视。他们的任务：检查犯规和指引跑进方向。如发现犯规按 105 题程序填写检查员报告表，交检查主裁判处理。

## 149. 如何排定越野跑和山地越野跑的出发位置?

**答**：排定出发位置的方法有三：

（1）国际比赛按参赛国国名第 1 个英语字母为序。

（2）按报名先后为序（如邮寄以邮戳日期为准）。

（3）编排组与技术代表共同抽签定位。

出发时，各队队员排成一路纵队。

出发信号：鸣枪出发。参赛人数众多时，可采用鸣礼炮或信号弹发令起跑（应在领队或教练员会议上明确）。

## 150. 怎样计取越野跑和山地越野跑的名次和成绩?

**答**：终点组判名次，计时组计成绩，两组同步进行。

终点组 6 人，主裁判判点名次，另 5 人分 3 组。1 组 1 人唱录运动员到达终点的名次号码；2 组 2 人，1 人唱号（按主裁判判点的名次号码），1 人记录；3 组 2 人，主要解疙瘩，并协助 2 组进行工作。3 个组的位置应适当分开。

终点计时方法，请阅 130 题。

最后将名次、号码、成绩填入记录表交有关裁判长签名后送总记录组。

也可将终点和计时合二为一，采用按名次包干的办法，即 1 名计时员包干几个名次的号码和其成绩。具体分工、职责与方法请阅 130 题（1）。

### 151. 如何计算越野跑和山地越野跑的团体总分？

答：比赛结束，可按下列办法算分：

（1）排列各队计分队员（按规程规定人数）的名次，将名次数字相加，总分少者为优胜。

（2）积分相等，则以最后一名记分队员名次先后排列。

（3）算分时去掉个人名义参赛的名次，并对后继名次进行调整。再按（1）、（2）办法算分。

# 十二、竞 走

### 152. 竞走比赛裁判员编制、分工与职责是什么？

答：竞走比赛裁判员编制，应根据比赛级别、规模、参赛组别和人数来确定。现以 1995 年 4 月在北京举行的国际田联/锐步世界杯竞走比赛和全国竞走锦标赛为例，将裁判员编制、分工与职责列表（见表 4.13）如下：

表 4.13  1995 年国际田联/锐步世界杯竞走比赛裁判编制与分工表

| 总裁判 1 人 | | 副总裁判 2 人 | | | |
|---|---|---|---|---|---|
| 序号 | 组　别 | 主裁判 | 裁判员 | 分工与职责 | 备　注 |
| 1 | 编　排 | 1 | 2 | 编　排 | |
| 2 | 赛前控制中心 | 1 | 3 | 点　名 | 点名后并入终点计时 |
| 3 | 发　令 | 1 | 2 | 准时鸣枪 | 出发后并入终点计时 |
| 4 | 竞走裁判员 | | 8 | 检查犯规 | 杯赛由国际田联指派 |
| 5 | 竞走记录员 | | 2 | 记录、显示红卡 | 6 名助理裁判送红卡 |

续表 4.13

| 序号 | 组　别 | 主裁判 | 裁判员 | 分工与职责 | 备　注 |
|---|---|---|---|---|---|
| 6 | 5公里计时 | 1 | 11 | 计　时 | |
| 7 | 终点计时 | 2 | 42 | 计时记圈 | 每人记2～4名运动员 |
| 8 | 终点记录 | | 2 | 整理名次、核对成绩 | |
| 9 | 赛后控制中心 | 1 | 2 | 对赛后运动员进行控制 | |
| 10 | 检查员 | 1 | 4 | 安全，指引走进方向，收中退者小号码 | |
| 11 | 饮（用）水 | 1 | | 供饮（用）水/饮料 | 助理裁判员11人 |
| 12 | 场地器材 | 1 | 2 | 布置场地 | 工作人员多人 |
| 13 | 合　计 | 3＋10 | 80 | | |
| 14 | | | 93 | 另加助理裁判员和工作人员 | |
| 备　注 | | | | 男子50公里运动员129人，女子20公里93人 | |

## 153. 竞走比赛竞走裁判员位置如何分布？

**答**：竞走比赛分室内、室外田径场竞走赛和公路竞走赛。场地竞走每项设主裁判1人，裁判员5人，公路竞走每项设主裁判1人，裁判员8人。国际a类竞走赛，他们必须是国际田联国际竞走裁判组的成员，并由国际田联指派。这些人应经过国际田联竞走裁判员培训并获得证书者。

田径场举行的竞走赛，主裁判位于西直道中段来回巡视，另4名竞走裁判员分别分布在第1、第2、第3、第4分界线附近，每隔10～15分钟沿逆时针方向前移一个号位。记录台设在西直道中央，红卡显示器（牌）设在记录台对面跑道里侧，斜对运动员走来方向。

公路竞走赛竞走裁判员位置分布可根据不同路线而定。

## 154. 竞走的定义是什么?

答:竞走是运动员与地面保持接触、连续向前迈进的过程。没有(人眼)可见的腾空。前腿从触地瞬间至垂直部位应该伸直(即膝关节不得弯曲)。

## 155. 竞走包括哪些组别和项目?

答:竞走组别和项目见表 4.14。

表 4.14  竞走组别与项目

| 组别 | 世界(项目) | | 我国(项目) | |
|------|------|------|------|------|
| 男子 | 20 000 米 | 2 小时 | | |
| | 30 000 米 | 50 000 米 | 同左 | |
| 女子 | 5 000 米 | 10 000 米 | 同左 | 另加 20 公里 |
| 男青 | 10 000 米 | | 10 000 米 | 20 000 米 |
| 女青 | 5 000 米 | | 5 000 米   10 000 米 | 20 000 米 |
| 少男 | | | 5 000 米 | 10 000 米 |
| 少女 | | | 3 000 米 | 5 000 米 |

## 156. 公路竞走赛路线应符合什么规定?

答:公路竞走赛应选择环形路线。20 公里,每圈尽可能不超过2.5 公里;50 公里,如有可能每圈为 2.5 公里,如起、终点设在田径场,往返起、终点的距离最多为 5 公里;10 公里,如有可能每圈最多 1.5 公里。

## 157. 怎样丈量公路竞走路线的距离?

答:丈量要求和方法请阅 129 题。

## 158. 竞走比赛饮(用)水站/饮料站设在何处?

答:应按如下规定设站:

（1）所有比赛的起终点应备饮水和其他适当饮料。

（2）20公里及20公里以下场所、公路竞走比赛，根据气候情况，应以适当间隔或每圈设饮水/用水站。

（3）20公里以上的各项竞走，应从起点开始的5公里处及以后的每5公里处或每圈设一饮水站。两个饮料站中间设只供饮水/用水站，根据气候情况还可设得更密些。

饮料由大会组委会提供或运动员自备。自备饮料，自运动员或其代表上交时起，应始终处于组委会指派人员监督之下，并放在其指定的饮料站备用。

国际比赛，饮料桌后面每个国家最多可站两名官员。运动员拿饮料时，官员不得伴跑。

## 159. 竞走比赛何时何人使用红白标志牌？

**答**：任何一名竞走裁判员认为某运动员的竞走动作表现出可见的腾空或膝关节弯曲时，均应给予其严重警告，即向其出示两面都有相同犯规信号的白色标志（符号）牌。某运动员受到3各不同裁判员的严重警告时，应取消其比赛资格，并由竞走主裁判向其出示红色标志牌（通知运动员）。

## 160. 如何处理竞走比赛犯规运动员？

**答**：以5号运动员腾空为例。某裁判员认为5号运动员的竞走动作有可见的腾空时，便走到其右前方向他出示腾空信号的白色标志牌，以示严重警告。随后将其号码、犯规时间填入竞走判罚记录表（见附表23）中。当某裁判员第2次发现该运动员仍有可见的腾空时，便填写红卡（表4.15）交联络员送记录台。然后将向该运动员判罚红卡的时间填入表的相应格内。记录台收到红卡后，工作人员立即在"取消比赛资格的公告牌"5号运动员下或后面，挂或贴上一张圆或方形红牌，提示其注意。记录台收到来自3位裁判员送来5号的红卡时，赶快通知主裁判。主裁判便向 5 号运动员出示红牌，以示他被取消比赛资格。比赛中做不到通知取消比赛资格时，必须在该运动员赛完后立即通知。

### 表 4.15　竞走运动员犯规报告卡片（红卡）

组别：　　　　　项目：

运动员号码：

犯规时间：

犯规性质：

裁判员号码：

国际性竞走比赛，在任何情况下，均不应有两名来自同一国家的竞走裁判员具有判罚、取消比赛资格的权利。

### 161. 怎样计取竞走比赛的成绩？

**答**：竞走比赛仍采用"人盯人"、一包到底的计时方法。即 1 名计时记圈员，包干计取 1 ~ 4（最多不超过 6）名运动员的成绩。

"人盯人"、一包到底的工作方法和工作程序请阅 96 题。

竞走比赛 1 名计时记圈员要计两名以上运动员的成绩，在记录每一位运动员已走成绩时，千万应对准其号码（见附表 24、25、26）。任何疏忽出错，都无法查证和挽回。

# 十三、风速组

### 162. 风速组裁判员编制、分工与职责是什么？

**答**：（1）编制 2 ~ 4 人（其中设主裁判 1 人）。

（2）分工与职责。分两个小组，每个小组 1~2 人。一组在径赛裁判长领导下，测定单项和全能有关径赛项目的风速：另一组在田赛裁判长领导下，测定单项跳远、三级跳远和全能跳远比赛时的风速。

## 163. 哪些项目比赛时应测风速？

答：200 米以下各径赛项目、全能 200 米以下各径赛项目和跳远、三级跳远以及全能跳远比赛时，均应测定风速。

田赛跳跃项目比赛时，应在起跳区附近设置一个风向袋（风标），向运动员显示大致的风力和风向。

## 164. 测定风速时风速仪安放有何规定？

答：径赛项目，风速仪放置在直道一侧靠近第 1 分道距终点 50 米处，跳远和三级跳远，放置在距起跳板 20 米处。风速仪高为 1.22 米，离跑道或助跑道不超过 2 米。

## 165. 如何测定和判读风速？

答：风速测定时间，直道径赛项目从见到发令枪或批准的类似器材发出的枪烟或闪光开始计算：

| | |
|---|---|
| 100 米 | 10 秒 |
| 100 米栏 | 13 秒 |
| 110 米栏 | 13 秒 |

200 米比赛，从领先运动员进入直道时开始计 10 秒。事先应在弯直道交接处插上标志旗。

跳远和三级跳远比赛，应从距起跳板 40 米和 35 米的地方（事先做出标记）开始计 5 秒钟，如运动员的助跑不足 40 米或 35 米，则从其开始助跑起测定风速。

判读风速应以米/秒为单位，换算到跑进方向上较差 1/10 米/秒，例如，±2.03米/秒记录为±2.1米/秒。因此，风速仪应具有能显示1/10米/秒自动进位的功能，并经有关计量部门核准。

## 166. 风速记录交何处何人？

**答**：风速测量员应将测量的风速填入风速记录表（见附表27、28），如遇超风速时应填超风速报告表（见表4.16）。径赛每组测定风速后，立即写在小黑板上，以便终点记录员及时观察和记录。径赛风速记录表和超风速报告交总记录组，田赛风速记录表直接交该项目记录员，由他随记表一并交总记录组。

### 表 4.16　超风速报告表

| 组 别 | | 项 目 | | 赛 次 | | 组 次 | |
|---|---|---|---|---|---|---|---|
| 测定时间 | 午 | 时 | 分 | 风 向 | | | |
| 平均风速 | 米 / 秒 | | | | | | |

风速测量员＿＿＿＿＿　　　　　年　　　　月　　　　日

## 167. 超风速的成绩能否承认？

**答**：200米及200米以下各径赛项目，在跑进方向（顺风）测定的平均风速超过2米/秒，跳远和三级跳远超过2米/秒；全能测风速项目超过4米/秒者，在该次运动会的名次和成绩有效，但破纪录或达到运动健将和国际健将标准则不予承认。

# 第五章 田 赛

## 一、跳 高

### 168. 跳高组裁判员编制、分工与职责是什么?

**答**:(1)编制 5 人。

(2)分工与职责。在田赛裁判长和田赛主裁判领导下进行工作。田赛各项目与此相同,不再一一赘述。

(田赛主裁判主要职责:领导跳、投两组裁判员和田赛风速测量员进行工作;严格检查场地器材设施;签收、核对记录表。)

组长 1 人

赛前:

① 组织学习,分配任务,制定工作细则,组织检查场地器材设备,按总裁判安排同步进行实习,向场地器材组组长提交文具器材清单。

② 拟定跳高和撑竿跳高的起跳高度和每轮横杆升高计划,请田赛主裁判和田赛裁判长审批后执行。

③ 每单元比赛前向田赛主裁判签收、并按秩序册编排顺序核对记录表中运动员号码、姓名和单位是否有误。

赛中:

① 主管旗示,宣布比赛开始、起跳高度、每轮横杆升高计划和比赛结束。

② 判定试跳成功或失败。举白旗示意成功,举红旗则算失败。

③ 丈量横杆高度。破纪录时,请田赛主裁判、田赛裁判长审核成绩(高度)和场地器材,并请其签名。

④ 审定成绩、名次，签名后转技术官员、田赛主裁判和田赛裁判长签名。

赛后：组织该组小结和归还器材。

裁判员 4 人

1 号裁判员

① 按时到规定地点召集运动员点名，并准时将他们带至比赛现场（1、2 号裁判员 1 前 1 后）。

② 通知××高度第×次试跳，随即按顺序叫××号跳，××号准备。

③ 准确记录试跳成功或失败。

④ 排列名次，签名后请组长、技术官员、田赛主裁判和田赛裁判长签名。

⑤ 将获得前 3（6 或 8）名的运动员带至发奖组交有关人员。

⑥ 将记录表送交记录公告组。

2 号裁判员

① 协助 1 号裁判员点名，检查运动员的号码、服装、钉鞋、背包等物品是否符合规定。

② 1 号叫××号跳时开表计时，时限还剩 15 秒钟时举黄旗示意。

③ 操作成绩显示器或公告牌。

④ 协助核对记录成绩。

⑤ 比赛结束，将运动员带至赛后控制中心。

3、4 号裁判员

① 按提交的清单领、还文具器材。

② 放置、提升横杆（事先在横杆上做上记号，使其始终保持第一次放置时的方位）。

③ 协助组长判定试跳成功或失败，并兼管丈量成绩。

④ 整理起跳区或落地区（海绵垫）。

## 169. 跳高比赛裁判员如何站位？

**答**：裁判员站位应有助于全面观察、自身工作和现场管理。

## 170. 跳高场地应符合什么规定?

**答**：应符合下列四条规定：

（1）助跑道长不短于 15 米。举行国际 a、b、c 类比赛，不短于 20 米，条件许可应不短于 25 米。

（2）助跑道和起跳区朝横杆中心的倾斜度不得超过 1：250。

（3）起跳区必须平坦。如使用活动垫道，其表面应与起跳区齐平。

（4）落地区不得小于 5×3 米。

跳高架立柱与落地区之间至少有 10 厘米间隔，以免落地区海绵垫的移动而触及立柱碰落横杆。

## 171. 跳高架有无限定?

**答**：有。跳高架要坚固，具有足够的高度，至少应超过横杆实际提升高度 10 厘米，架子上应有能稳定横杆的横杆托。架子（两立柱）之间的距离为 4.00～4.04 米。

比赛过程中，不得移动跳高架，除非裁判长认为该起跳区或落地区已变得不适于比赛。此类移动，只能待一轮试跳完毕后方可进行。仅风向和风力变化，均不足以构成改变比赛场地的条件。

## 172. 跳高架的横杆托有无规定?

**答**：有。横杆托为长方形的平面，长 6 厘米，宽 4 厘米。横杆托必须固定在立柱上，朝向对面立柱。横杆放置在横杆托上时，两端与立柱之间至少有 1 厘米的空隙。

横杆托不得包扎橡胶或类似物质，以增大与横杆之间的摩擦力，亦不得使用任何种类的弹簧。

## 173. 跳高横杆能否不受制约?

**答**：要受制约。它应符合下列三条规定：

（1）它须用玻璃纤维、金属或其他适宜材料制成，除两端外，横截面为圆形。

（2）横杆长 4 米（±2 厘米），圆形部分的直径为 30 毫米（±1 毫米），重量 2 千克。为便于放在横杆托上，两端各为宽 30~35 毫米，长 15~20 毫米，质地坚硬而平滑的平面。横杆两端不得包扎橡胶或其他物质，以增大摩擦力。

（3）横杆不得弯斜，放在横杆托上时，最大下垂为 2 厘米。检查方法：放置横杆后，在其中央悬挂 3 千克重物，最多只能下垂 7 厘米。

## 174. 哪些情况下越过横杆算试跳成功？

**答：** 凡不违反下列情况之一者，应判成功：
（1）在规定时限内成功地完成试跳动作。
（2）单足起跳越过横杆。
（3）试跳越过横杆或越过横杆前，身体任何部分未触及立柱之间、横杆延长线垂直面以外的地面或落地区者；运动员试跳中，如一脚触及落地区而又越过横杆，但未从中获得利益者。

## 175. 何时丈量横杆的高度？

**答：** 起跳高度和每次横杆升高之后，在运动员试跳之前，均应丈量高度；横杆放置在纪录高度时，必须审核丈量；自上次丈量后，如横杆曾被触及，在每次后继试跳之前，裁判员必须再次审核丈量。

丈量应用棍尺，以 1 厘米为单位，不足 1 厘米不计成绩。丈量从地面垂直丈量到横杆上沿的最低点。

# 二、撑竿跳高

## 176. 撑竿跳高组裁判员编制、分工与职责是什么？

**答：**（1）编制 7 人。

（2）分工与职责。

组长 1 人

赛前、赛中、赛后的职责、工作程序及工作方法与跳高组长相同。

裁判员 6 人

1、2 号裁判员的职责与跳高 1、2 号相同。

3、4 号裁判员的职责除与跳高 3、4 号裁判员相同外，还须按运动员登记的数字向前或向后移动撑竿跳高架。

5 号裁判员

① 与 3、4 号裁判员同去领、还文具器材。

② 协助组长丈量横杆高度。

③ 接护撑竿。

④ 整理助跑道和落地区海绵垫。

6 号裁判员

① 同 3、4 号裁判员同去领、还文具器材。

② 将运动员的号码按秩序册编排顺序写在小黑板上，当 1 号裁判员叫××准备时，及时请其做好试跳准备，并在已试跳运动员号码上面划"√"记号。

③ 维持助跑区的秩序。

④ 比赛结束，将运动员带至赛后控制中心。

## 177. 撑竿跳高比赛裁判员如何站位？

答：裁判员站位同样应有助于全面观察、自身工作和现场管理。

## 178. 撑竿跳高场地应符合什么规定？

答：应符合三条：

（1）助跑道长不短于 40 米，条件许可，应不短于 45 米，宽 1.22 米，其两侧用 5 厘米宽的白线标明。

（2）助跑道左右倾斜度不得超过 1：100，跑进方向总的倾斜度不得超过 1：1 000。

（3）落地区面积不小于 5×5 米。落地区边缘距插斗应有 10~15 厘米空隙，从插斗方向向外倾斜约为 30°。落地区的海绵垫厚建议为 80~100 厘米，插斗两侧应有 1 米的海绵垫延伸部分，以保护运动员免受损伤。

## 179. 撑竿跳高架及其横杆托有无限定？

**答**：有。撑竿跳高架（立柱）应是坚固金属或其他适宜材料制成。为保护运动员，架子底座金属部分应用合适材料包扎。

撑竿跳高比赛应用圆形横杆托托住横杆，当运动员或撑竿触及横杆托时，容易向落地区方向滑落。横杆托应无任何刻痕或缺口，粗细均匀，直径不超过 13 毫米，伸出立柱不超过 75 毫米，立柱应高出横杆托 35~40 毫米。

架子（立柱横杆托）或延伸臂之间的距离至少 4.30~4.37 米。

## 180. 规则对插斗的规格有何规定？

**答**：撑竿跳高起跳时，撑竿必须插在插斗内。插斗用坚固的材料制成，埋得与地面齐平。插斗底部的斜面长度为 1 米，底部的宽度自后向前逐渐变窄，后端为 60 厘米，前端为 15 厘米。插斗的地面长度与前壁的深度，为底板与前壁构成的 105 度角所决定。底板自与地面齐平的后端向前壁结合处，距地面的垂直深度为 20 厘米。插斗的左右两壁向外倾斜，在靠近前壁处形成的角度约 120°。

如插斗为木质结构，底部应衬为 2.5 毫米厚的金属板，其长度自后端量起为 80 厘米。

## 181. 运动员可否请求移动撑竿跳高架立柱？

**答**：可以。但他须于比赛开始前，将其第一次试跳需采用的立柱或横杆托移动的距离，告诉负责的裁判员，并将此值进行登记。

移动距离：以插斗前壁顶端内沿延长线（此线应与助跑道中轴线

垂直，延长至两端立柱的外侧）为准，向助跑道方向的移动不得超过40厘米，往落地区方向的移动不得超过80厘米。

## 182. 撑竿跳高的横杆能否随意选用？

答：不能。它应符合下列规定：

（1）它应是用玻璃纤维、金属或其他适宜材料制成，除两端外，横截面为圆形。

（2）横杆长4.50米（±2厘米），圆形部分的直径为30毫米（±1毫米），重量不超过2.25千克。为便于放在横杆托上，两端为各宽30~35毫米，长15~20毫米，质地坚硬而平滑的平面。横杆两端不得包扎橡胶或其他任何物质，以增大摩擦力。

（3）横杆不得弯斜，放在横杆托上最多只能下垂3厘米。检查方法：放好横杆后，用3千克重物悬挂在横杆中央，最多只能下垂11厘米。

## 183. 撑竿应符合什么要求？

答：它是用一种或多种综合材料制成、表面光滑的空心圆管，长度、粗细不限。撑竿外面可缠厚度均匀的胶布，但不得超过两层，下端长3厘米，可缠多层胶布，以免碰击插斗前被损坏。

自备撑竿，未经物主同意，他人不得使用。

## 184. 撑竿跳高违反哪些规定应判试跳失败？

答：凡违反下列之一者，应判失败：

（1）超过规定时限完成试跳动作。

（2）起跳后碰掉横杆（包括其所用撑竿触及横杆或架子击、震掉横杆）。

（3）越过横杆前，身体或所用撑竿的任何部分触及插斗壁上沿垂直平面以外的地面或落地区。

（4）起跳离地后，将原来握在下面的手移握到上面的手以上或原来握在上面的手向更上方移握者。

（5）试跳时，运动员有意用手或手指把即将从横杆托上掉下的横杆放回者。

试跳时，撑竿折断，不作试跳失败论，裁判员应允许其重新试跳一次。

# 三、跳远和三级跳远

## 185. 跳远和三级跳远组裁判员编制、分工与职责是什么？

答：（1）编制。跳远6人，三级跳远7人。

（2）分工与职责。

组长1人。

赛前：其职责与跳高组长①、③相同。

赛中：

① 主管旗示，宣布比赛开始和比赛结束。

② 通知运动员试跳。站在起跳板后，当1号裁判员叫××号跳时，将白旗侧平举，示意运动员试跳开始，放下白旗（计时限以此开表），退至起跳板侧面，仔细观察运动员起跳瞬间犯规否。试跳结束，再走到起跳板后举旗示意成功或失败，并观察3号裁判员丈量，至平整沙坑。如此循环。

③ 判定试跳成功或失败。

④ 监督丈量和报读成绩。

⑤ 破纪录时，请田赛主裁判和田赛裁判长审核成绩（切记保留运动员在落地区的痕迹）、场地器材，并请其签名。

⑥ 核审前三次试跳成绩和参加后三次试跳人选名单。

⑦ 核审成绩、名次，签名后转技术官员、田赛主裁判和田赛裁判长签名。

赛后：组织该组小结和归还器材。

裁判员5人（三级跳远6人）

1号裁判员

① 按时到规定地点召集运动员点名，并准时将他们带至比赛场地。

② 通知运动员试跳和准备（叫××号跳，××号准备）。

③ 3号裁判员报读丈量的成绩时，复诵并记录其报读成绩。

④ 前3名试跳结束，立即选出参加后3次试跳人选请组长审核。

⑤ 比赛结束，排列名次，签名后请组长、技术官员、田赛主裁判和田赛裁判长签名。

⑥ 将获得前3（6或8）名的运动员带至发奖组交有关人员。

⑦ 将记录表和风速记录表交记录公告组。

2号裁判员

除从组长通知运动员试跳开始的白旗下放时，开表计时限外，其他职责与跳高2号裁判员相同。

3号裁判员

① 与4~6号裁判员按提交的清单领、还文具器材。

② 负责起跳板一端丈量和报读成绩。

③ 指导修复橡皮泥显示板或沙台。

4号裁判员

① 判定落点（触及沙坑最近点）。

② 负责落地区一端丈量成绩。钢钎插入触沙最近点，钢尺"0"靠钢钎侧面。

5号裁判员

其职责与撑竿跳高6号裁判员相同。

6号裁判员（三级跳远单设）

负责判定运动员第一、第二、第三跳动作有无犯规，并用手势通知组长。

## 186. 跳远和三级跳远比赛裁判员如何站位？

**答**：裁判员站位同样应有助于全面观察、自身工作和现场管理。

## 187. 跳远和三级跳远场地应符合什么规定?

**答**:应符合下面四条规定:

(1)助跑道长不短于 40 米,条件许可,最短为 45 米,宽为 1.22 米,其两侧用 5 厘米宽的白线标明。

(2)助跑道的左右倾斜度不超过 1∶100,跑进方向总的倾斜度不得超过 1∶1 000。

(3)沙坑宽至少 2.75 米,最宽 3 米,沙坑的沙面(湿沙)应与起跳板齐平。

(4)助跑道的中轴线和沙坑的中轴线重合,如两者不在一条直线上,应在沙面上布置一条或两条 5 厘米宽的带子,使其两者在一直线上。

## 188. 起跳板的规格和安装有无限定?

**答**:有。起跳板是起跳的标志,应埋入地面,与助跑道和沙坑的沙面齐平。起跳板靠近沙坑的边缘称为起跳线,通常是在橡皮泥显示板或沙台与起跳板接合处,拉一条蓝色细绳,两端各向外延长 30 厘米,再用钉子固定在地面。

起跳板使用木材或其他合适材料制成的,长方形,表面涂成白色,长 1.21~1.22 米,宽 19.8~20.2 厘米,厚 10 厘米。

跳远起跳板至沙坑远端不短于 10 米,近端 1~3 米;三级跳远起跳板至沙坑远端不短于 21 米,近端(国际比赛)男子不短于 13 米,女子不短于 11 米。对于其他任何比赛,此距离应与实际水平相适应。

## 189. 何谓橡皮泥显示板?有何功用?

**答**:一块特定的、铺上橡皮泥,施加能留下痕迹的板子,叫橡皮泥显示板。

靠近起跳线外的橡皮泥显示板,是用木料或其他适宜材料制成,质地坚硬,长 1.21~1.22 米,宽 10 厘米(±2 毫米)。它安装在起跳板靠沙坑一侧的助跑道凹处或一块隔板里，其高度超出起跳板 7 毫米（±1 毫米），也可切去边角。填充橡皮泥使之倾斜成 30 度。当它安放在沟槽中时，全部安装必须牢固，足以承受运动员起跳脚的全部力量。橡皮泥显示板的板面材料，应能抓牢运动员的鞋钉而不滑动。

安装橡皮泥显示板，以便运动员起跳时脚部犯规能留下痕迹，有助准确判断其试跳成功或失败。

为不延误比赛时间，应多备 1～3 块橡皮泥显示板。

## 190. 怎样判定跳远试跳成功或失败？

**答**：如犯下列情况之一者，应判失败：

（1）超过规定时限完成试跳动作。

（2）不论在未做起跳的助跑中或在跳跃动作中，运动员身体任何部分触及起跳线以外的地面者。

（3）从起跳板两端之外，不论是起跳线到达延长线前面或后面起跳者。但在起跳板后面起跳则有效。

（4）在落地过程中触及落地区外地面，而区外触地点较区内最近触沙点离起跳线近者。

（5）完成试跳后，向后走出沙坑者

（6）采用任何空翻姿势者。

## 191. 怎样判定三级跳远试跳成功与失败？

**答**：判定跳远的 6 条标准亦适用于三级跳远。判定三级跳远试跳成功与失败，还有两条：

（1）违反三级跳远的 3 跳顺序，即第一跳时单足跳，第 2 跳是跨步跳，第 3 跳是跳跃。

（2）单足跳须用起跳脚落地，跨步脚则用另一条腿（摆动腿），既要继续做跳跃起跳的脚落地，然后完成跳跃动作。运动员在跳跃中，以摆动腿触地不作为试跳失败论。

### 192. 怎样丈量跳远和三级跳远的成绩？

**答**：丈量用钢尺或经鉴定合格的科学测量仪器，以 1 厘米为单位（所有田赛远度项目，测量成绩均以 0.01 米为最小测量单位），不足 1 厘米不计成绩。

丈量应从运动员身体任何部分触及沙坑沙面的最近点至起跳线或起跳线的延长线成直角丈量（拉紧钢尺左右移动，取最短距离）。

# 四、推铅球

### 193. 铅球组裁判员编制、分工与职责是什么？

**答**：（1）编制 7 人。

（2）分工与职责。

组长 1 人。

赛前：

职责与跳高组长职责①、③相同。

赛中：

① 主管旗示，宣布比赛开始（站在投掷圈内向外场举旗示意）和比赛结束。

② 向运动员讲解比赛和安全事项。

③ 通知运动员试掷。当 1 号裁判员叫××号掷时，向运动员举旗示意试掷开始（计时限以此开表），然后退至投掷圈的左侧，仔细观察运动员的推掷动作。试掷结束，再进投掷圈面向外场，举旗示意运动员试掷成功或失败（成功举白旗，失败则举红旗）。如此循环。

④ 判定成功与失败。

⑤ 丈量、报读成绩。

⑥、⑦、⑧同跳远和三级跳远组长职责⑤、⑥、⑦。

赛后：组织该组小结和归还器材。

1、2 号裁判员除按顺序叫号练习试掷（最多两次）外，其余职责与跳远和三级跳远相同。

3 号裁判员

① 与 4~6 号裁判员按提交的清单领、还文具器材。

② 负责投掷圈一端丈量。丈量时钢尺必须通过投掷圈心。

4 号裁判员

① 掌管外场旗示，判定铅球落地点是否有效。

② 协助外场丈量裁判员丈量成绩。

5 号裁判员

① 负责外场一端丈量成绩。注意钢钎插入铅球落地痕迹的最近点，钢尺"0"靠近钢钎侧面。

② 协助 4 号裁判员判定铅球落地点痕迹。

6 号裁判员

将每次推出落地的铅球，安全地传送回内场规定的区域；协助 4 号裁判员判定铅球的落点。

## 194. 怎样画铅球投掷项目 34.92° 落地区？

答：在确定推铅球场地位置后，定 O 点为圆心，以 1.0675 米为半径，画出铅球投掷圈。然后根据确定的投掷方向，画出通过圆心与投掷方向相垂直的投掷直径 AB，并分别向圈外各延长 75 厘米。再以 O 点为圆心，向投掷方向画一条与 AB 垂直的 OC 连线，再通过 C 点画一条 12 米长并与 OC 垂直的 DE 连线（CD 和 CE 各 6 米）。OD、OE 就构成了推铅球 34.92° 的落地区。每离开圆心 1 米，落地区标志线的横距增加 60 厘米。

## 195. 推铅球比赛裁判员如何站位？

答：凡是投掷项目的比赛，裁判员的位置应考虑到有助于全面观察、自身工作、现场管理和安全四个因素。

## 196. 铅球投掷圈有何规定？

**答：**推铅球和掷链球的投掷圈都是用钢铁或其他合适材料制成，内沿直径均是 2.135 米（±5 毫米），厚至少 6 毫米，上沿涂成白色。

投掷圈埋入地下，上沿与地面齐平。圈内用坚硬不滑的材料，如混凝土、沥青等筑成平面，比投掷圈上沿低 1.4～2.6 厘米。

## 197. 抵趾板的规格与安装有无规定？

**答：**有。抵趾板使用木材或其他合适材料制成弧形状，内缘弧长 1.21～1.23 米，宽 11.2～30 厘米，厚（高出地面）9.8～10.2 厘米。上沿涂成白色。

抵趾板应固定在地面，内缘与投掷圈内沿重合，其中心线与角度区中心线应在一直线上。

## 198. 铅球落地区有无要求？

**答：**有。凡是煤渣、草地或能使铅球落地留下痕迹的其他地面均可。

落地区向投掷方向向下的倾斜度不得大于 1∶1000。落地区应用 5 厘米宽的白线标出，其延长线通过圆心的夹角为 34.92°。

铅球比赛时，应在落地区内插上纪录旗。

## 199. 用什么标准判定推铅球有效或失败？

**答：**凡不违反下列之一者，应判成功：

（1）运动员须从静止姿势开始，将铅球从圈内推出。

（2）铅球从肩部用单手推出。运动员进入圈内开始进行试掷时，铅球应抵住或靠近下颌，在推掷过程中持球手不得降到此部位以下，铅球亦不得置于中轴线后方。

（3）运动员进入投掷圈后，可触及圈或抵趾板内侧，如身体任何部分触及圈外地面或圈和抵趾板上面，或以不符合规定的方式将铅球推出判犯规。

（4）试掷中倘未违反上述规定，运动员可中止试掷或将铅球放在圈内或圈外，亦可走出投掷圈（但须从圈的后半部走出）。在恢复静止姿势或重新开始试掷之前的一切行动，都须在一次试掷所规定的时限内。

（5）铅球必须完全落在落地区角度线内沿以内。

（6）铅球落地后，运动员方可离开投掷圈。离开投掷圈时，最先接触到的圈上沿或圈外地面，必须完全在圈外白线的后面，即是说，必须从投掷圈两侧延迟线后面走出。

如运动员出现下列情况，应阻止：

（1）用胶布或绷带缠手指，但为防手腕受伤，可在手腕处缠绕绷带。

（2）使用手套。

（3）在圈内或鞋底喷洒任何物质。

## 200. 怎样丈量推铅球的成绩？

**答**：使用钢或玻璃纤维米制卷尺，以1厘米为单位，不足1厘米不计成绩。

每次有效试掷后，应立即进行丈量。丈量方法是从铅球着地的最近点（与圆心之间的直线）量至投掷圈（抵趾板）内沿的距离。

## 201. 规则对铅球的结构和规格有何规定？

**答**：结构：铅球应用实心的铁、铜或其他任何硬度不低于铜的金属制成，亦可用此类金属制成外壳，里面灌铅或其他金属。它的外形必须是球形，表面不得粗糙，接合点应光滑。

规格如表5.1中数据。

表 5.1　铅球规格数据

| 组别 \ 年龄 | | 男子 20 岁以上 | 少男甲 16～17 岁 | 少男乙 15 岁 |
|---|---|---|---|---|
| 重量（千克） | 允许比赛和承认纪录的最小重量 | 7.26 | 6 | 5 |
| | 制造厂家提供比赛使用的重量 | 7.265～7.285 | 6.005～6.025 | 5.005～5.025 |
| 直径（毫米） | 最　大 | 130 | 125 | 120 |
| | 最　小 | 110 | 105 | 100 |
| 组别 \ 年龄 | | 女子 20 岁以上 | 少女甲 16～17 岁 | 少女乙 15 岁 |
| 重量（千克） | 允许比赛和承认纪录的最小重量 | 4 | 4 | 3 |
| | 制造厂家提供比赛使用的重量 | 4.005～4.025 | 4.005～4.025 | 3.005～3.025 |
| 直径（毫米） | 最　大 | 110 | 110 | 105 |
| | 最　小 | 95 | 95 | 90 |

# 五、掷铁饼

## 202. 铁饼组裁判员编制、分工与职责是什么？

答：（1）编制。9 人。

（2）分工与职责。

组长和 1、2、3、4、5、6 号裁判员的职责、工作程序与工作方法均与铅球组裁判员相同。但因铁饼投掷场地范围大，所以还应增加 2 名裁判员，1 名在内外场丈量裁判员中间调整钢尺，另一名在外场左或右侧判定铁饼落地点的痕迹。

### 203. 铁饼、链球、标枪比赛裁判员如何站位?

答：分别位置应遵循的原则与铅球比赛相同。

### 204. 掷铁饼或链球的护笼有无规格限定?

答：有。凡能阻挡以 25 米/秒速度运行、重 2 千克的铁饼，即没有从护笼顶部飞去，又没有穿过护笼或反弹向运动员的危险，只要符合此要求，不论其设计与结构如何均可使用。

护笼的俯视图应为 "U" 字形，开口宽 6 米，位于投掷圈圆心前方 5 米处。护笼至少由 6 块宽 3.17 米、高至少 4 米的挡网组成。挡网用天然材料、合成材料、低碳钢丝或高抗力钢丝均可，其最小抗拉强度为 40 千克。

### 205. 铁饼投掷圈有何规定?

答：铁饼投掷圈须用钢铁或其他合适材料制成，内沿直径为 2.50 米（±5 毫米），上沿厚度至少 6 毫米，并涂成白色。

投掷圈应埋入地下，上沿与地面齐平。圈内用坚硬不滑的材料，如混凝土、沥青等筑成平面，比投掷圈上沿低 1.4~2.6 厘米。

### 206. 长投项目落地区允许的最大倾斜度是多少?

答：落地区在投掷方向向下总的倾斜度不得超过 1：1 000。

### 207. 用什么标准判定掷铁饼有效或失败?

答：不违反下列情况之一者，应判有效试掷：
（1）运动员须从静止姿势开始，将铁饼从圈内掷出。

（2）运动员进入投掷圈后，允许触及铁圈内侧；如身体任何部分触及圈外地面或铁圈上沿者，应判试掷失败。

（3）试掷中倘未违反上述规定，运动员可中止试掷或将器械放在圈内或圈外，亦可走出圈外（但须从圈的后半部走出）。在恢复静止姿势或重新开始试掷之前的一切行动，都须在一次试掷所规定的时限内。

（4）铁饼必须完全落在落地区角度线内沿以内。

（5）铁饼落地后，运动员方可离开投掷圈。离开投掷圈时，必须从投掷圈两侧延长线后面走出，否则应判试掷失败。

如发现运动员有下列情况之一者，应阻止：

（1）用胶布或绷带缠手指。

（2）使用手套。

（3）在圈内或鞋底喷洒任何物质。

## 208. 怎样丈量掷铁饼的成绩？

**答**：每次有效试掷，均应用钢尺或经批准的测距仪器立即丈量。丈量以 1 厘米为单位，不足 1 厘米不计成绩。

丈量方法是从铁饼落地的最近点（钢尺须通过圆心）量至投掷圈内沿的距离。

## 209. 何种规格的铁饼方可用于比赛？

**答**：铁饼的饼体是用木料或其他适宜材料制成，周围的金属边缘应呈圆形，外缘横截面为标准圆形，半径约 6 毫米。饼的两面中央可镶有（也可不镶）与饼体齐平的圆片，相应部分应呈平面，其规格如表 5.2 所列数据。

表 5.2　铁饼规格数据

| 规　　格 | 数　　据 | | | |
|---|---|---|---|---|
| 允许比赛和承认纪录的最小重量（千克） | 1.000 | 1.500 | 1.750 | 2.000 |
| 制造厂商提供比赛使用的重量范围（千克） | 1.005～1.025 | 1.505～1.525 | 1.755～1.775 | 2.005～2.025 |
| 铁饼的直径（毫米） | 180～182 | 200～202 | 210～212 | 219～221 |
| 饼心的直径（毫米） | 50～57 | 50～57 | 50～57 | 50～57 |
| 饼心的厚度（毫米） | 37～39 | 38～40 | 41～43 | 44～46 |
| （距边缘6毫米处）金属圈的厚度（毫米） | 12～13 | 12～13 | 12～ 13 | 12～13 |

注：少年男、女乙组使用 1 千克铁饼。

# 六、掷链球

## 210. 链球组裁判员编制、分工与职责是什么？

答：组长和 1～8 号裁判员的职责 、工作程序和工作方法与铁饼组各裁判员相同。

## 211. 链球由几部分组成？

答：链球由球体、链子和把手三部分组成。

## 212. 试掷过程链球损坏如何处理？

答：如链球在试掷时或在空中断脱，只要试掷符合规则，不应算一次试掷失败。如运动员因此失去平衡而犯规，也不应看作试掷失败。

## 213. 链球有无规格限定？

**答**：有。链球的球体应用铁或硬度不低于铜的其他金属制成，或用此类金属制成外壳，里面灌铅或其他金属。球体直径最小为 11 厘米，外形应为完整的球形。球体内如灌用其他固体材料，应使其不得移动，球体重心至中心的距离不应大于 6 毫米。

链子以直而又有弹性、且不易折断的单根钢丝制成。钢丝直径不小于 3 毫米（即 11 号标准钢丝）。钢丝一端或两端可弯成环状，以便于连接。

把手可以断环或双环结构，质地坚硬，没有任何种类的铰链连接。把手与链子的连接必须做到把手在链环中转动时，链球的总长度不得增加。

链子与球体的连接应借助于转动轴承，转动轴承可为滑动或滚动轴承。把手应用圆环与链子连接，不得使用转动轴承。

链球规格如表 5.3 所列数据。

**表 5.3　链球规格数据**

| 　　　　　年龄<br>组别 | | 男子<br>20 岁以上 | 少男甲<br>16～17 岁 | 少男乙<br>15 岁 | 女子/少女甲<br>20 岁以上 | 少女乙<br>15 岁 |
|---|---|---|---|---|---|---|
| 重量<br>（千克） | 允许比赛和承认纪录的最小重量 | 7.26 | 6 | 5 | 4 | 3 |
| | 制造厂家提供比赛使用的重量 | 7.265～7.285 | 6.005～6.025 | 5.505～5.025 | 4.005～4.025 | 3.005～3.025 |
| 从把手内沿量起的链球长（厘米） | 最　大 | 121.5 | 121.5 | 121.5 | 119.5 | 119.5 |
| | 最　小 | 117.5 | 117.5 | 117.5 | 116 | 116 |
| 球体直径（厘米） | 最　大 | 13 | 12.5 | 12 | 11 | 10.5 |
| | 最　小 | 11 | 10.5 | 10 | 9.5 | 9 |

## 214. 用什么标准判定掷链球有效或失败？

**答**：凡不违反下列情况之一者，应判有效：

（1）在规定时间内完成试掷动作。

（2）运动员须从静止姿势开始，将链球从圈内掷出。预摆或旋转前的开始姿势中，可将球体放在圈内或圈外地面。

（3）预摆或旋转时，链球球体触及地面或铁圈上沿不算犯规，但触地或触及铁圈上沿后，停止试掷以便重新开始，则应判犯规。

（4）运动员进入圈内开始试掷后，可触及投掷圈内侧；如身体任何部分触及圈外地面或铁圈上沿者，应判犯规。

（5）试掷中倘未违反上述规定，运动员可以中止试掷或将器材放在圈内或圈外，亦可走出（但必须从圈的后半部分）或不走出投掷圈。在恢复静止姿势或重新开始开始试掷之前的一切行动，都须在一次试掷所规定的时限内。

（6）链球球体必须完全落在落地区角度线内沿以内。

（7）链球落地后，运动员方可离开投掷圈。离开投掷圈时，必须从投掷圈两侧延长线后面走出，否则应判试掷失败。

如发现运动员有下列情况之一者，应阻止：

（1）用胶布或绷带缠手指；

（2）带不露手指（拇指除外）的手套；

（3）在圈内或鞋底喷洒任何物质。

## 215. 怎样丈量掷链球的成绩？

答：使用量具、丈量单位、丈量方法、丈量要求和丈量铁饼成绩相同。请阅 208 题。

# 七、 掷标枪

## 216. 标枪组裁判员编制、分工与职责是什么？

答：与铁饼组相同。请阅 202 题。

### 217. 怎样画标枪投掷场地？

**答**：先向投掷方向拉一条中轴线，在其两侧 2 米处各画一条 5 厘米宽并与其平行的白色标志线，构成助跑道，长为 30～36.5 米，条件许可应不短于 33.5 米。

在中轴线上取一点 O，以 O 为圆心，以 8 米之长为半径向投掷方向画弧（即为投掷弧），分别与两条平行线相交于 A、B，连接 OA、OB，并向投掷方向适度延长，就构成扇形落地区。然后在投掷弧两端各画一条与投掷弧同宽（7 厘米）、长为 75 厘米，且与助跑道两侧的白色标志线垂直的白线，即成标枪投掷场地。

### 218. 试掷过程标枪损坏或折断如何处理？

**答**：如标枪在试掷时或在空中折断，只要试掷符合规则，不应算为试掷失败。如运动员因此失去平衡而犯规，也不应视为试掷失败，可允许运动员重新试掷一次。

### 219. 怎样丈量掷标枪的成绩？

**答**：同 208、215 题。

### 220. 什么规格的标枪方可用于比赛？

**答**：标枪由枪头、枪身、缠绳把手三部分组成。枪身应完全由金属或其他类似材料制成，并装有尖形金属枪头。枪身表面不得有小窝、凸起、沟槽、突脊、空洞、粗糙部分，枪尾必须自始至终平滑。

标枪所有部分横截面应为规则的圆形。枪身最大直径应在紧靠把手前端处，枪身中央（包括把手下面部分）应为圆柱形或向枪尾方向稍微变细，但把手前后两端直径减小不得大于 0.25 毫米。从把手起，标枪应有规则地向两端逐渐变细。从把手至标枪前后两端点的纵剖面应为直线或略有凸起，除枪头和枪身的结合部位及把手前后两端以外,枪身任何部分的直径均不得有突然改变。在枪头后端的结合部位,枪身直径的减小不得超过 2.5 毫米,在枪尖后面 30 厘米以内,枪身纵剖的变化也不得大于此数。

标枪不得有可移动部分或投掷时可以改变其重心或投掷性能的装置。

标枪张角不得大于 40°,距枪尖 15 厘米处枪头直径不得超过枪身最多直径的 80%,在重心至枪尖的中点处直径不得超过枪身最大直径的 90%。

重心至枪尾末端中处的直径,男枪不得小于枪身最大直径的 90%,女枪不得小于枪身最大直径的 70%。在距枪尾末端 15 厘米处的直径,男枪不得小于枪身最大直径的 40%,女枪不得小于枪身最大直径的 30%。枪尾末端直径不小于 3.5 毫米。

在重心至枪尾末端中心处的直径不得小于枪身最大直径的 90%,在距枪尾末端 15 厘米处的直径不得小于枪身最大直径的 40%,枪尾末端直径不小于 3.5 毫米。

国际 a、b、c 类比赛,只许使用大会组织者提供的器材(标枪)。标枪规格如表 5.4 中数据表示。

表 5.4　标枪规格数据

| 标枪长度(所有规格)单位:毫米 | | | | | 标枪长度(所有规格)单位:毫米 | | | | | |
|---|---|---|---|---|---|---|---|---|---|---|
| 序号 | 详　述 | 男子 | | 女子 | | 序号 | 详述 | 男子 | | 女子 | |
| | | 最大 | 最小 | 最大 | 最小 | | | 最大 | 最小 | 最大 | 最小 |
| L0 | 全　长 | 2 700 | 2 600 | 2 300 | 2 200 | D0 | 把手前端的枪身 | 30 | 25 | 25 | 20 |
| L1 | 枪尖至重心 | 1 060 | 900 | 920 | 800 | D1 | 把手后端的枪身 | — | D0-0.25 | — | D0-0.25 |
| 1/2L1 | L1 的二分之一 | 530 | 450 | 460 | 400 | D2 | 距枪尖 150 毫米处 2 | 0.8D0 | — | 0.8D0 | — |
| L2 | 枪尾至重心 | 1 800 | 1 540 | 1 500 | 1 280 | D3 | 枪尖后端 | — | — | — | — |

续表 5.4

| 序号 | 详述 | 男子 | | 女子 | | 序号 | 详述 | 男子 | | 女子 | |
|---|---|---|---|---|---|---|---|---|---|---|---|
| | | 最大 | 最小 | 最大 | 最小 | | | 最大 | 最小 | 最大 | 最小 |
| 1/2L2 | L2 的二分之一 | 900 | 770 | 750 | 640 | D4 | 紧接枪头后端处 | — | D3-2.5 | — | D3-2.5 |
| L3 | 枪头 | 330 | 250 | 330 | 250 | D5 | 枪尖至重心的中点 | 0.9D0 | — | 0.9D0 | — |
| L4 | 把手 | 160 | 150 | 150 | 140 | D6 | 把手 | D0+8 | — | D0+8 | — |
| | | | | | | D7 | 枪尾至重心的中点 | — | 0.9D0 | — | 0.9D0 |
| | | | | | | D8 | 距枪尾末端150毫米 | — | 0.4D0 | — | 0.4D0 |
| | | | | | | D9 | 枪尾末端 | — | 3.5 | — | 3.5 |

表头（两栏相同）：标枪长度（所有规格）单位：毫米

# 八、全　能

## 221. 全能组裁判员编制、分工与职责是什么？

**答**：（1）编制 5 人。

（2）分工与职责。

全能裁判长 1 人

赛前：

① 组织学习，分配任务，制定工作细则，按总裁判安排同步进行学习，向场地器材组主裁判提交文具器材清单，拟定全能各项点名时间表（见附表 29）。

② 主裁判以上会议上，商定全能运动员、卡片、记录表与各裁判组交接事宜。

③ 拟定跳高和撑竿跳高的起跳高度和升高计划，并在有关会议通过后执行。

④ 向编排记录公告组签收，并按秩序册编排顺序核对卡片、记录表中运动员的号码、姓名和单位是否有误。

赛中：

① 掌握运动员休息时间。

② 掌握运动员的成绩、积分、名次排列。

③ 必要时重新编排、分组。

④ 比赛结束，审核成绩、总积分及名次，签名后请技术官员签名。

赛后：组织该组小结和归还器材。

裁判员 4 人（男、女全能组各 2 人）

① 按时到规定地点召集运动员点名，检查运动员的号码、服装、钉鞋、背包等物品是否符合规定。

② 径赛各项目，准时将运动员带至起点，检录单交 1 号助理发令员、终点和检查主裁判，卡片交计时主裁判，然后在终点记录台附近等赛后成绩卡片。田赛各项目，将运动员带至各比赛场地，运动员和记录表交该项组长，然后在记录员（台）附近等候记录表（2 人当场亦可记录成绩和查分）。

③ 及时查分，并在下一项点名时向运动员公布前一项成绩、得分和累积分。

④ 凡决定退出全能比赛的运动员，应将其决定立即通知全能裁判长。

⑤ 尽快算出总分，排列名次签名后，请全能裁判长、技术官签名。并将各单项的卡片和记录表以及总分和名次排列记录表等一并交记录公告组。

### 222. 全能径赛项目如何分组？

**答：** 每项比赛前，应抽签排定运动员的比赛顺序。100 米、200

米、400 米、100 米栏和 110 米栏，由技术代表决定运动员的分组。每组最好 5 人或 5 人以上（室内 4 人或 4 人以上），但不得少于 3 人。

全能最后一项的分组编排，应将倒数第二项比赛后累积分领先的运动员分在一组，除此之外，其他每个单项的分组，应根据上一项取得后继比赛资格的运动员抽签排定。

如全能裁判长认为原来的分组不合理，有权对任何一组重新编排。

### 223. 全能径赛项目的道次或起跑位置由谁排定?

答：由大会编排组与技术代表或其委托人共同抽签排定。

### 224. 怎样确定全能田赛项目的比赛顺序?

答：由大会编排组与技术代表或其委托人共同抽签排定。

### 225. 全能项目比赛时间和比赛顺序有何规定?

答：男子组：

（1）男子五项，按跳远、标枪、200 米、铁饼和 1 500 米的顺序，在一天内完成。

（2）男子十项，按下列顺序连续两天内完成。

第一天：100 米、跳远、铅球、跳高、400 米。

第二天：110 米栏、铁饼、撑竿跳高、标枪、1 500 米。

（3）少男甲七项，按下列顺序连续两天内完成。

第一天：110 米栏、跳高、标枪、400 米。

第二天：铁饼、撑竿跳高、1 500 米。

（4）少男乙四项，按下列顺序连续两天内完成。

第一天：110 米栏、跳高。

第二天：标枪、1 500 米。

女子组：

（1）女子七项，按下列顺序连续两天内完成。

第一天：100 米栏、跳高、铅球、200 米。

第二天：跳远、标枪、800 米。

（2）少女甲五项，按下列顺序连续两天内完成。

第一天：100 米栏、铅球、跳高。

第二天：跳远、800 米。

（3）少女乙四项，按下列顺序连续两天内完成。

第一天：100 米栏、跳高。

第二天：标枪、800 米。

## 226. 全能比赛规则与单项比赛规则有哪些不同？

答：两者不同点有如下 12 条：

（1）跳远、铅球、铁饼、标枪 4 项比赛，每人只能试跳（投）3 次。跳高和撑竿跳高每轮横杆升高不得少于 2 厘米和 5 厘米；全能每轮横杆升高均为 3 厘米（跳高）和 10 厘米（撑竿跳高）。

（2）400 米及 400 米以下各径赛项目的分组由裁判长决定，每组 5 人或 5 人以上，但不得少于 3 人。最后一项的分组，应将倒数第 2 项比赛后累积分领先的运动员分在一组。

（3）每个单项的分组，应根据上一项取得后继比赛资格的运动员抽签排定。

（4）单项径赛 0 起跑犯规；全能径赛各项目第一次起跑犯规警告，第二次无论是谁都取消比赛资格。

（5）每一名运动员在上一项结束至下一项开始之前，至少应有 30 分钟休息。如可能，在第 1 天最后 1 项结束至第 2 天第 1 项开始之间，至少应间隔 10 小时。

（6）凡退出全能比赛的运动员，应将其决定立即通知全能裁判长。

（7）在任一单项中，运动员未参加起跑或试跳（掷）者，即不得参加后继项目的比赛，作自动弃权论，不计其总成绩和名次。

（8）如采用手计时，每名运动员的成绩应由 3 名计时员独立计取，或使用全自动电子计时装置计取。

（9）每个单项比赛后的成绩（径赛项目只能使用一种计时方法计取的成绩），应按国际田联现行评分表查分和计算累积分。但要承认纪录，径赛项目只能使用全自动电子计时装置所计取的成绩。

（10）测风速项目，风速不得超过 4 米/秒。

（11）每个单项比赛结束后，应向全体运动员分别宣布该单项得分和各项的累积分（表格格式见附表 30）。

（12）排定名称是以各单项的累积分多少为准。

### 227. 全能各单项之间至少间隔多少时间？

答：请阅 226 题答案（5）。

# 第六章　场地器材

## 228. 场地器材组裁判员编制、分工与职责是什么?

答:(1)编制 3~5 人。

(2)分工与职责。

主裁判 1 人

赛前:

① 组织测(丈)量田径场和公路项目的路线距离。田径场须测(丈)量的数据包括:跑道长度、半径、分道宽、起终点、接力区及其预跑线、栏间距离、抢道标志线、第 2 弧形起跑线、障碍赛跑障碍物之间的距离;助跑道长与宽、起跳板、投掷圈(弧)、抵趾板、橡皮泥显示板、落地区,等等。

② 组织检查、称量器材的数量、质量与规格。

③ 向各组主裁判收其所需的文具器材清单。

④ 向分管场地器材的副总裁判提供标准场地器材的合格证书及场地器材数量、布局清单。

赛中:计时供给文具器材和场地修缮与画线。

赛后:组织该组小结与收器材。

赛前裁判员 2~4 人(内场径赛 2 人,田赛 1 人,外场 1 人)

① 直道整理、清扫、辗压跑道和助跑道。

② 指导量画径赛和田赛场地。

③ 按各组提供所需文具器材清单配备文具器材,并分筐(桶)装好,以待签发。

赛中：

① 组织向各裁判组签发文具器材。

② 运收栏架和桌椅等物品。

赛后：收文具器材。

## 229. 跑道长度、分道宽各多少距离？

**答**：标准跑道全长为 400 米，由两个平行的直道和两个半径相等的弯道组成。

跑道宽至少 7.32 米（6 条分道），国际比赛，应设 8 条分道，宽为 9.76 米。

分道宽，包括其右侧分道线在内为 1.22 米（2004 年 1 月 1 日前修建的田径场跑道可以为 1.25 米宽）。

## 230. 怎样丈（测）量跑道的长度？

**答**：跑道如筑有内突沿（其高 5 厘米，宽最少 5 厘米），第 1 分道从距内突沿外沿 0.30 米处丈量，第 2 分道及其余分道均从距其左侧分道线外沿 0.20 米处丈量。如跑道未筑内突沿，各分道均从距其左侧分道线外沿 0.20 米处丈量。

两次丈量的最大公差不得超过 0.000 3 毫米 × 跑道长度（米）+ 0.01 米。

两次测量结果的最大公差：

100 米……0.04 米        400 米……0.13 米

## 231. 如何检查跑道是否标准？

**答**：最有效的办法是通过检查 1、2、3、4、5、6 六个基准点的位置，来验证有关数据是否一致，如有不符，应作修正。

400 米标准田径场跑道是否标准，可用 6 个基准点的位置和相关数据进行验证。

**表 6.1 400 米标准田径场跑道验证数据（单位：米）**

| 半　　径 | 直道长 | 弯道长 | 1、2、3、4 基准点构成的长方形对角线长 | 1、2、3、4 基准点至内突沿弧顶 5、6 基准点的距离 |
| --- | --- | --- | --- | --- |
| 36 | 85.96 | 114.04 | 112.13 | 50.91 |
| 36.50 | 84.39 | 115.61 | 118.56 | 51.2 |
| 37 | 82.82 | 117.18 | 110.06 | 52.33 |
| 37.898 | 80 | 120 | 110.20 | 53.60 |

## 232. 跑道表层建筑材料有无限定？

**答**：有所限定。任何坚固、均质、可承受跑鞋钉的地面，均可用于田径运动。国际 a、b、c 类比赛和国际田联直接控制的比赛，只准在国际田联批准的标准人工合成地面（如塑胶）跑道上进行。

## 233. 跑道允许最大的倾斜度是多少？

**答**：跑道的左右倾斜度最大不得超过 1：100，在跑进方向上向下的倾斜度不得超过 1：1 000。

新建跑道测向倾斜应向里道。

## 234. 径赛和田赛场地各种标志线宽多少？

**答**：跑道上的分道线和各种位线（标志线）的宽度均为 5 厘米。田赛各项目，除标枪的投掷弧（包括其两端的延长线）的宽度为 7 厘米，其余各线宽均为 5 厘米。

撑竿跳高比赛，为了便于向前或向后移动架子立柱，与助跑道中轴线垂直，与插斗前壁内缘顶端齐平的白线宽度为 1 厘米。1 厘米宽的白线太窄不太好画,可用 1 厘米宽的白带子用图钉钉在地面,其两端尽量延长到两端立柱的外侧。

### 235. 跑道无内突沿如何设标志?

答:除草地跑道外,跑道内侧应用合适材料筑成的突沿加以分界。突沿高约 5 厘米,最小宽度 5 厘米。如因举行田赛项目而临时移动突沿的一部分,应用 5 厘米宽的白线标出原突沿位置,并放置塑料锥形物或小旗,其高度至少 20 厘米,间隔至多 4 米。本条款同样适用于 3 000 米障碍跑,运动员从主跑道转向跨越水池所跑的那部分。对于没有突沿的草地跑道,内沿以 5 厘米宽的白线标出,还应以 5 米的间隔设置小旗。为防止运动员踏线,必须将小旗放在线上,并与地面成 60°角,向场内倾斜。旗大小约 0.25 米 × 0.20 米为宜,旗杆长 0.45 米。

### 236. 哪些径赛项目涉及抢道标志线?

答:有两类径赛项目涉及抢道标志线。

(1)凡是部分分道跑项目,例如,800 米、4 × 200 米接力、4 × 400 米接力、4 × 800 米接力,必须跑完规定的弯道,并通过抢道标志线后方可切入里道。

(2)1 000 米、2 000 米、3 000 米、5 000 米、10 000 米比赛,参赛人数超过规定人数(12 人)时,大约 35% 的运动员为 2 组,2 组运动员亦涉及抢道标志线。

### 237. 怎样画抢道标志线?

答:抢道标志线的画法有两种:

(1)放射线画法:以基准点 2 为放射原点,以表 6.2 中的各数据为半径向右前方画弧,分别与其右外侧各分道线及跑道外突沿内侧相交,将这些交点连接成一条圆滑的曲线,即是抢道标志线。

表 6.2 抢道标志线放射线画法数据（单位：米）

| 道 次 | 一 | 二 | 三 | 四 | 五 | 六 | 七 | 八 | 外突沿内侧 |
|---|---|---|---|---|---|---|---|---|---|
| 放射线 | 0 | 1.22 | 2.44 | 3.66 | 4.88 | 6.10 | 7.33 | 8.55 | 9.72 |

（2）以直道长为半径画弧法：以第 2 分界线前的抢道标志线为例。在距基准点 3 和 2 外 0.30 米处各取一点 C 和 A，以 C 为圆心，以 CA 之长为半径画弧，便与第 2 至第 8 分道的右侧分道线和跑道外突沿内侧相交，将这些交点连接成圆滑的曲线，此圆滑曲线即为抢道标志线。

## 238. 哪些径赛项目涉及第 2 弧形起跑线？

答：凡是在 400 米跑道上举行的 1 000 米、2 000 米、3 000 米、5 000 米和 10 000 米比赛，参赛人数超过规定的 12 人时，可将他们分成两组同时起跑，大约 65% 的运动员为 1 组，位于常规起跑线上，其余运动员为 2 组，位于另一条画在外侧一半跑道的弧形起跑线（即第二弧形起跑线）上。以 13 名运动员参赛为例，8 名运动员为 1 组在常规起跑线后沿起跑，另 5 名运动员为 2 组位于第 2 弧形起跑线后沿起跑。两组同时出发，2 组运动员应沿着 5 道左侧分道线外沿跑进，跑完第 1 个弯道（100 米），并通过抢道标志线后方可切入里道与 1 组运动员并驾齐驱。这些项目的 2 组运动员涉及第 2 弧形起跑线。

## 239. 怎样画第 2 弧形起跑线？

答：以半径 36 米，8 条分道，分道宽 1.22 米的跑道为例说明如下。按规定："另一条弧形起跑线画在外侧一半的跑道上。"故第 2 弧形起跑线应画在 5 道左侧分道线以外。具体画法：以基准点 1 或 3 为放射原点，以 14.89 米之长（5 道 800 米起跑线放射线长）为半径画弧，便与 5 道左侧分道线外沿 0.20 米处相交于 A，再以 A 为圆

心，以表 6.3 中的相关数据为半径画弧，分别与第 6、第 7、第 8 分
道的左侧分道线和跑道外突沿内沿相交于 B、C、D、E 四点，将 A、
B、C、D、E 五点连接成一条圆滑的曲线。此圆滑曲线即为第 2 弧
形起跑线。

表 6.3　第 2 弧形起跑线放射线画法数据（单位：米）

| 放射线分道宽 半径 | 36 | | 37.898 | |
|---|---|---|---|---|
| | 1.22 | 1.25 | 1.22 | 1.25 |
| 1 或 3 至 5A | 14.89 | 15.24 | 14.95 | 15.30 |
| A～B | 1.23 | 1.26 | 1.23 | 1.26 |
| A～C | 2.49 | 2.55 | 2.49 | 2.55 |
| A～D | 3.78 | 3.88 | 3.78 | 3.87 |
| A～E | 5.10 | 5.23 | 5.09 | 5.22 |

## 240. 自备器材是否须经检查合格方可比赛使用？

**答**：国际比赛所用器材须持有国际田联颁发的有效证书，国内田
径赛器材应持有中国田协颁发的有效证书。如同意运动员自备器材，
必须经过大会在规定的时间内进行检查。检查合格，贴上合格标签，
由大会场地器材组统一保管，到该项目比赛时一并发至该项裁判组。

国际 a、b、c 三类比赛，除撑竿外，运动员只能使用大会组委会
提供的比赛器材。

## 241. 径赛各组须备哪些文具器材？

**答**：径赛包括内外场比赛（各组共同器材略）。

（1）内场径赛各组须备器材（见表 6.4）。

表 6.4　内场径赛各组须备器材

| 组别 | 序号 | 器材名称 | 数量 |
|---|---|---|---|
| 赛前控制中心 | 1 | 广播设备 | 1 套 |
| | 2 | 挂钟 | 2 只 |
| | 3 | 对讲机（电话） | 1 只（部） |
| | 4 | 手喇叭 | 2~4 只 |
| | 5 | 大黑板 | 2~4 块 |
| | 6 | 卡尺 | 2~4 把 |
| | 7 | 小号码 | 3~4 套 |
| | 8 | 道次号码 | 3~4 套 |
| | 9 | 饮水设备 | 1~2 套 |
| 赛后 | 1 | 手喇叭 | 1~2 只 |
| | 2 | 对讲机（电话） | 1 只（部） |
| | 3 | 饮水设备 | 1~2 套 |
| 宣告组 | 1 | 广播设备 | 1 套 |
| | 2 | 对讲机（电话） | 1 只（部） |
| | 3 | 门铃 | 2 只 |
| | 4 | 小闹钟 | 1 只 |
| | 5 | 望远镜 | 1 只 |
| 计时组 | 1 | 计时表 | 14~26 只 |
| | 2 | 计时存查表 | 若干 |
| | 3 | 分段计时表 | 若干 |
| | 4 | 1000 米标志旗 | 2 面 |
| 发令组 | 1 | 扩音设备 | 1 套 |
| | 2 | 发令枪 | 2~3 支 |
| | 3 | 子弹 | 组数×1.5 |

续表 6.4

| 组别 | 序号 | 器材名称 | 数量 |
|------|------|----------|------|
| 发令组 | 4 | 发令台及烟屏 | 2 套 |
| | 5 | 道次牌 | 8 只 |
| | 6 | 起跑器 | 8 副 |
| | 7 | 胶皮槌 | 6~8 只 |
| | 8 | 接力棒 | 8 根 |
| | 9 | 对讲机 | 1 部 |
| | 10 | 套袖 | 1 副 |
| | 11 | 联络旗 | 1 面 |
| | 12 | 装运动装的桶或筐 | |
| 终点组 | 1 | 报圈牌或器 | 1 套 |
| | 2 | 铃 | 1 只 |
| | 3 | 联络旗 | 1 面 |
| | 4 | 终点名次报告表 | 若干 |
| | 5 | 记圈表 | 若干 |
| 检查组 | 1 | 钢尺 | 1 只 |
| | 2 | 直尺（检查栏高） | 若干 |
| | 3 | 联络旗 | 若干 |
| | 4 | 对讲机 | 1 只 |
| 风速组 | 1 | 风速仪 | 1 台 |
| | 2 | 小黑板 | 1 块 |
| | 3 | 风速记录表 | 若干 |
| | 4 | 超风速表 | 若干 |

（2）外场（公路赛跑）径赛须备器材（见表6.5）。

表 6.5　外场径赛须备器材

| 序号 | 器材名称 | 数量 | 序号 | 器材名称 | 数量 |
|---|---|---|---|---|---|
| 1 | 扩音器 | 1 套 | 14 | 录音机 | 6 只 |
| 2 | 手喇叭 | 2～4 只 | 15 | 饮料 | 若干 |
| 3 | 对讲机 | 1 只 | 16 | 塑料杯子 | 若干 |
| 4 | 计程器 | 1 只 | 17 | 装水容器 | 7 只 |
| 5 | 计程自行车 | 1 辆 | 18 | 海绵块 | 若干 |
| 6 | 钢尺（100 米） | 1 只 | 19 | 隔离墩 | 若干 |
| 7 | 发令枪 | 2～3 只 | 20 | 计时台 | 1 只 |
| 8 | 发令台及烟屏 | 1 套 | 21 | 终点台 | 1 只 |
| 9 | 子弹 | 组数×1.5 | 22 | 终点门架或框 | 1 套 |
| 10 | 里程标志牌 | 42 面 | 23 | 终点带 | 1 根 |
| 11 | 转折标志塔 | 1 座 | 24 | 检查员用旗 | 人手一面 |
| 12 | 计时显示器 | 9 套 | 25 | 计时先导车 | 1 辆 |
| 13 | 计时表 | 18～26 只 | 26 | 大会用车 | 若干 |

注：内外场径赛和田赛各裁判组所需铅笔、夹板、桌椅、条凳、复写纸和
别针根据需要造清单。太阳伞或雨具应由大会准备。

## 242. 田赛各组须备哪些文具器材？

答：田赛须备器材见表 6.6 所列内容和数量。

表 6.6　田赛须备器材

| 序号 | 器材名称 | 数量 | 序号 | 器材名称 | 数量 |
|---|---|---|---|---|---|
| 1 | 跳高架 | 2 副 | 19 | 胶皮槌 | 4～6 只 |
| 2 | 跳高横杆 | 8～10 根 | 20 | 镁粉及容器 | 5 套 |
| 3 | 撑竿跳高架 | 2 副 | 21 | 男女铅球 | 各 5～6 只 |
| 4 | 撑竿跳高横杆 | 10～12 根 | 22 | 男女铁饼 | 各 5～6 只 |

续表6.6

| 序号 | 器材名称 | 数量 | 序号 | 器材名称 | 数量 |
|---|---|---|---|---|---|
| 5 | 海绵垫 | | 23 | 男女标枪 | 各8～10只 |
| 6 | 钢直尺（长、短） | 各1根 | 24 | 男女链球 | 各4～6只 |
| 7 | 助跑标志物 | 若干 | 25 | 纪录旗 | 4～6面 |
| 8 | 钢卷尺30米、50米、100米 | 各2只 | 26 | 小铁旗 | 若干 |
| 9 | 起跳线（蓝色） | 2根 | 27 | 成绩公告牌或器 | 4～6套 |
| 10 | 橡皮泥显示板 | 4～6块 | 28 | 手喇叭 | 4～6只 |
| 11 | 起跳显示架 | 2副 | 29 | 计时表 | 6～8只 |
| 12 | 扫帚 | 5～6把 | 30 | 风速仪 | 1台 |
| 13 | 平沙器 | 4只 | 31 | 风向袋（风速） | 3～4只 |
| 14 | 铁锹 | 4只 | 32 | 小黑板 | 4～6块 |
| 15 | 铁钎 | 6～8根 | 33 | 粉笔 | 若干 |
| 16 | 红、白、黄旗 | 各12面 | 34 | 计算器 | 4只 |
| 17 | 5厘米宽白带子 | 若干 | 35 | 卡尺 | 2～3把 |
| 18 | 钉子 | 若干 | 36 | 手套 | 4副 |

## 243. 全能组须备哪些文具器材？

答：计算器2个，评分表2本，复写纸、笔、直尺、检录单、夹板。

## 244. 场地器材上能否做广告？

答：可以，但必须符合有关规定。

（1）运动场比赛中的广告与陈列的规格。不同类别的比赛，对广告亦有不同要求，它的内容须符合当地法律要求；只能是商业和慈善性质的，不是政治主张和集团利益的广告；禁止烟酒广告，获得国际田联理事会特许的香烟广告除外。

（2）比赛服装和号码布上的广告的规格。

（3）运动员背包上的广告：国际大赛，除国际田联特许外，不得带有标志的物品入场；背包上可有两个相同的制造商标志，最大面积为 25 平方厘米；国际田联指定的比赛，提供的背包上面可有 1 个背包提供者的标志和 1 个背包制造商的标志，最大面积为 25 平方厘米。

（4）铅球、铁饼、标枪、接力棒、撑竿、横杆、立柱、计圈钟、起跑器上只能出现 1 个制造商的名字、标签或商标，高度不得超过 4 厘米。

海绵包上可在两侧和后面出现 1 个制造商的名字、标签或商标，最大高度为 10 厘米。

显示信息的电子仪器，如电子计时装置与成绩测量装置、时钟、风速仪、电子显示屏幕，可在其每一面显示 1~2 个制造商的商标，最大高度为 10 厘米。

栏架和障碍栏架可标出制造商或资助比赛者的名字、城市、体育馆，最大高度为 5 厘米。

全天候跑道表面，最多可有两个标志，它可是制造商或运动场、比赛场所的名字，其规格：室外为 1 米×0.4 米，室内为 0.5 米×0.2 米。

起终点门架上可有正式比赛名称，字体高 80 厘米。正式比赛会标、带有公司标志的计时装置，每位比赛次要资助者可在门架两侧有一个标志，字体最高 50 厘米；有关联合会与组委会的标志。

终点带：非世界锦标赛项目的公路赛跑或越野跑，终点带上可重复出现一个资助者的名称，字体最大高度为 5 厘米。

领奖台的前面可用正式比赛名称和会标装饰，其中可包括资助者的名字，字体最高为 30 厘米。领奖台背景布上可出现正式比赛名称或正式会标，字体最高为 30 厘米。比赛名称或资助者的名字可用该公司的字体方式出现。

其他所有经批准的器材上，最多可出现两个制造商的标记，分别位于其两面，字体最大高度为 4 厘米。

　　室外运动场可在跑道内侧或内场和跑道外各安放两处饮料站，室内比赛只设一个饮料站。每个饮料站可有一个提供赞助的公司的标记，字体最大高度为 40 厘米。冰柜的最大高度不得超过 1.40 米，最大直径 1 米，长方形冰柜每边最大宽度为 1 米。场内 10 000 米比赛所设饮料站不得出现任何标记。只有穿正式服装的工作人员才可发放饮料或运动员自取。

# 第七章　室内竞赛规则

## 245. 室外竞赛规则是否适用于室内比赛？

答：室外竞赛规则除个别条款有所删减（如风速等）外，其余规则和裁判法均适用于室内比赛。

## 246. 室内田径场应符合哪些规定？

答：必须符合下列 4 条：

（1）必须在完全封闭的室内。照明、供暖和空调亦应符合条件。

（2）它应包括一个椭圆形的 200 米标准跑道；用于短跑和跨栏的一个直道；用于跳高、撑竿跳高、跳远、三级跳远的助跑道和落地区；用于推铅球的永久性或暂时性的投掷圈和扇形落地区。

（3）跑道和助跑道及起跑区均应用人工合成材料覆盖或安装木质表层，前者更适合于使用 6 毫米长度的钉鞋鞋钉。

（4）每条跑道和助跑道及起跑区等各处的弹性尽可能一致。

## 247. 室内跑道的弯直道有何特殊规定？

答：直道特殊规定：

（1）倾斜度：左右最大倾斜度不得超过 1∶100，跑进方向任意位置上的最大倾斜度不得超过 1∶250，全长最大倾斜度不得超过 1∶1 000。

（2）分道：至少 6 条，最多 8 条，分道宽为 1.22 米，2004 年 1 月 1 日前建设的场地跑道最大宽度可为 1.25 米。道次面向终点从左向右排列。

弯道特殊规定：

（1）半径不短于 11 米，亦不大于 21 米，如可能至少为 13 米。

（2）分道至少 4 条，最多 6 条，分道宽至少 0.90 米，最宽 1.10 米。沿逆时针方向跑进，从左手向右侧顺序排道次序号。

（3）弯道呈斜坡状，最大斜坡不超过 18° 角。任意一处坡道横切面上的斜坡角度应相同。为使从水平直道进入坡状弯道的变化较为平缓，可修筑一个在垂直方向变化较为平缓的过渡段，过渡段可延伸 5 米再进入直道。

## 248. 怎样丈（测）量室内跑道的长度？

**答**：第一分道的长度应沿跑道表面，从内突沿外沿外 0.30 米处的测量线进行测量。如以白线作内突沿时，则从白线外沿以外 0.20 米处的测量线进行测量。

其余分道的长度，均从其左侧分道线外沿以外 0.20 米处进行丈量。

## 249. 如何设置室内跑道的内突沿标志？

**答**：跑道内突沿用白线标出的地方，应另外用锥形物或标志旗标出。锥形物高度至少 20 厘米，标志旗尺寸为 25×20 厘米，高至少 45 厘米，与跑道形成 120° 夹角。锥形物或标志旗安放时应使旗杆或锥形物的外侧面正好与跑道白线的外沿重合。锥形物与标志旗在弯道上的间隔不超过 1.5 米，在直道上不超过 10 米。

## 250. 怎样摆放室内跨栏跑各分道的栏架？

**答**：室内跨栏比赛的距离、栏架数量、栏间距离等如表 7.1 中数据所示。

表 7.1　室内跨栏比赛栏架设置数据（单位：米）

| 项目组别 | 男　子 | | 女　子 | |
|---|---|---|---|---|
| 比赛距离 | 50 | 60 | 50 | 60 |
| 栏高距离 | 1.067 | 1.067 | 0.840 | 0.840 |
| 栏架数量 | 4 | 5 | 4 | 5 |
| 起点线至 1 栏 | 13.72 | 13.72 | 13 | 13 |
| 栏间距离 | 9.14 | 9.14 | 8.50 | 8.50 |
| 最后 1 栏至终点 | 8.86 | 9.72 | 11.50 | 13 |
| 备　注 | 1. 栏架高度的分差为 ±3 毫米；<br>2. 栏架底座的脚朝运动员跑来方向 | | | |

## 251. 室内跳高场地应符合什么规定？

答：必须符合如下三条：

（1）助跑道长 15 米，国际 a、b、c 类比赛至少 20 米。

（2）起跳区必须水平，向前或向后的最大总倾斜度为 1∶250。如使用可移动的垫子，它必须符合起跳区全部标准和表层水平面的要求。铺在木板架在托梁上，任何部位不得有特殊的弹性。

（3）起跳区以外的助跑道必须与起跳区在同一水平面上，任何部分不得有特殊的弹性。但运动员可以从椭圆形跑道的坡道上开始助跑，只要他最后 5 米助跑是在平坦的助跑道上进行即可。

## 252. 室内撑竿跳高场地有无规定？

答：有。它必须符合三点：

（1）助跑道最短为 40 米，条件允许时应为 45 米。助跑道宽应为 1.22 米，其两侧应用 5 厘米的白线标出。

（2）铺在助跑道表层下面的基础必须是固体物质，或为悬空式结构。如将木板架在托梁上，则任何部位不得有特殊的弹性。

（3）运动员可在椭圆形跑道的坡道上开始助跑，只要他最后 40 米助跑是在平坦的助跑道上进行即可。

## 253. 室内外跳远和三级跳远场地规格是否相同？

**答**：不完全相同（请参阅 187 和 188 两题）。室内跳远和三级跳远场地须符合下列规格：

（1）助跑道宽应为 1.22 米，其两侧用 5 厘米宽的白线标出。

（2）助跑道长度最短 40 米，条件允许时应为 45 米。

（3）铺在助跑道表层下面的基础必须是固体物质，或为悬空式结构。如将木板架在托梁上，任何部位不得有特殊的弹性。

（4）运动员可在椭圆形跑道的坡道上开始助跑，只要他最后 40 米助跑是在平坦的助跑道上进行即可。

（5）起跳板至落地区（沙坑）近端边沿的距离不得少于 3 米，三级跳远则不得少于 13 米。

（6）落地区（沙坑）宽为 2.75 米，长至少 7 米，深 30 厘米。

## 254. 室内铅球场地有无特殊要求？

**答**：有。特殊要求包括两个方面：

（1）铅球落地区的建筑材料，应使铅球落地既能留下痕迹，又能使其反弹减小到最低限度。

（2）为了运动员和工作人员的安全，落地区应设置挡网，以便合理、可靠地挡住正在飞行或从地面反弹的铅球。

挡网应按下列要求设置：

① 投掷圈正前方的挡网，应设在目前世界男子、女子铅球世界纪录外至少 0.5 米的地方。

② 两侧的扇形挡网标志线，必须和 34.92° 扇形区中心线相对称：如落地区小于 34.92° 时，扇形分界线可像 34.92° 扇形分界线那样，从圆心沿一定角度方向成辐射状。

③ 如设两侧平行挡网标志线，须与 34.92°的圆心角的中心线相互平行。当采用两条落地区分界线平行挡网时，其最小距离为 9 米。

由于室内铅球场地落地区的建筑材料不同，可用金属外壳铅球，也可使用软塑料或橡胶外壳铅球，但在同一次比赛中只能使用其中一种类型的铅球。

### 255. 室内全能项目比赛时间和比赛顺序有无限定？

答：有。（1）男子五项，应按 60 米栏、跳远、铅球、跳高、1 000 米的顺序，在一天内完成。

（2）男子七项，按下列顺序连续两天内完成。

第一天：60 米、跳远、铅球、跳高。

第二天：60 米栏、撑竿跳高、1 000 米。

（3）女子五项，应按 60 米栏、跳高、铅球、跳远、800 米的顺序，在一天内完成。

### 256. 怎样画室内 200 米跑道的起终点线？

答：室内 200 米标准跑道，由于设计的半径在 13 ～ 21 米之间，因而弯道长度亦随半径加大而增长，直径长度亦随弯道长短而变化，故本书既从原则又以跑道实例相结合进行论述。

（1）起终点位置的基本要求：

① 直道上的起终点应与分道线垂直，弯道上的起跑线应在弯道半径的延长线上。起跑线和接力区尽可能不设在弯道拐弯最急处或坡道最陡处。比赛距离应从距终点线较远的起点线边缘起，到离起点线较近的终点线边缘止。

② 所有径赛项目均用同一终点线。终点线必须在直道上，到达终点前也尽可能在直道上冲刺。

③ 对于直道、梯形和弧形起跑线的基本要求，应使每一位运动员沿允许的最短路线跑进时，所跑距离应完全相等。

（2）分道与不分道：200 米和 200 米以下项目，自始至终应为分道跑；200 米以上和 800 米以下各项目，应分道起跑，并须在各自的分道内跑完两个弯道；800 米比赛应为分道起跑，并在各自的分道内跑完一个弯道（800 米比赛也可采用不分道跑的方法）；800 米以上项目使用弧形起跑线，采用不分道跑。

（3）200 米标准跑道的起终点线：第 1 分道的起跑线应在主要的直道上，确定其位置时，应使最外道的梯形起跑线（400 米和 800 米）处于坡道高度不超过 0.8 米的位置上，或在不超过弯道顶端处坡道最大高度一半的位置上（无论哪一点更高）。

在 200 米椭圆形跑道上，所有径赛项目的终点应使第 1 分道起跑线的延长线，与跑道垂直相交与分道成 90°。

（4）200 米、400 米和 800 米梯形起跑线：在室内 200 米标准跑道上进行上述 3 项比赛，起点均在第 1 分界线上再往前，第 1 或第 1、第 2 个弯道为分道跑，运动员须跑完第 1 或第 2 个弯道并通过抢道标志线后方可切入里道，因此涉及起点前伸数和切入差。

起点前伸数由于道次不同，各条弯道的长短亦不相等，为了使运动员所跑距离相等，就必须将外道各条弯道比第 1 条弯道多跑的距离从起点就减去，从而出现了起点前伸数。起点前伸数与半径长短无关，但与分道宽和弯道条数直接相关。从表 7.2 中计算所列起点前伸数可

**表 7.2　室内 200 米标准跑道有关数据（单位：米）**

| 道　次 | 一 | 二 | 三 | 四 | 五 | 六 |
|---|---|---|---|---|---|---|
| 一个弯道长 | 51.12 | 54.04 | 57.18 | 60.32 | 63.46 | 66.60 |
| 两个弯道长 | 102.42 | 108.08 | 114.36 | 120.64 | 126.92 | 133.20 |
| 三个弯道长 | 153.63 | 162.12 | 171.54 | 189.96 | 190.38 | 199.80 |
| 200 米起点前伸数 | 0 | 5.65 | 11.94 | 18.22 | 24.50 | 30.78 |
| 放射线长 | 0 | 5.49 | 11.12 | 16.21 | 20.78 | 24.85 |
| 切入差 | 0 | 0.01 | 0.04 | 0.09 | 0.17 | 0.25 |
| 备　注 | 半径 16 | | 直道长 48.79 | | 分道宽 1 | |

见，第3、第4、第5道运动员的起跑线均在弯道陡峭的坡道上，就造成了起跑的不公允。为了避免外道运动员在陡峭的坡道上起跑，终点线应从1分界线处往后移足够的距离。

### 257. 室内200米跑道如何进行接力赛跑？

**答：**（1）4×200米接力跑，各队第1棒和第2棒的第1各弯道应为分道跑，即各队须跑完3个弯道并通过抢道标准线后方可切入里道。

（2）4×400米接力跑，各队前两个弯道为分道跑。所以起跑线和抢道线标志线与400米跑相同。

（3）4×800米接力跑，各队第1个弯道为分道跑，故起跑线和抢道线标志线与800米跑相同。

室内跑道进行接力赛，由于分道较窄，容易造成碰撞或故意障碍现象，可能时相邻两队之间留出一条空道，如使用2、4、6道则可空出1、3、5道。

### 258. 世界和我国成人室内田径纪录的组别与项目有哪些？

**答：**世界男子比赛只承认全自动电子计时成绩的项目有：50米、60米、200米、400米、50米栏、60米栏。

全自动电子计时或手计时均可的项目有：800米、1 000米、1 500米、1英里、3 000米、5 000米、5 000米竞走、4×200米接力、4×800米接力。

此外还有跳高、撑竿跳高、跳远、三级跳远、铅球、七项全能。

我国男子比赛除承认上述项目的全国纪录外，还承认以下项目的全国纪录。

手计时：50米、60米、100米、200米、400米、50米栏、60米栏、110米栏。

全自动电子计时或手计时均可的项目有：2 000 米。

世界女子比赛只承认全自动电子计时成绩的项目有：50 米、60 米、200 米、400 米、50 米栏、60 米栏。

全自动计时或手计时均可的项目有：800 米、1 000 米、1 500 米、1 英里、3 000 米、5 000 米、3 000 米竞走、4×200 米接力、4×400 米接力、4×800 米接力。

此外还有跳高、撑竿跳高、跳远、三级跳远、铅球、五项全能。

我国女子比赛除承认上述项目的全国纪录外，还承认以下项目的全国纪录。

手计时：50 米、60 米、100 米、200 米、400 米、50 米栏、60 米栏、100 米栏。

全自动电子计时项目有：100 米、100 米栏。

全自动电子计时或手计时均可的项目有：2 000 米。

# 第八章　田径等级裁判员的报考工作

## 259. 田径等级裁判员的报考准备工作有哪些？

答：田径裁判员是田径比赛的组织者，又是执法官。他们确保田径比赛严格执行《田径竞赛规则》的有关规定，使田径比赛公正准确和按竞赛计划顺利进行。裁判员的水平决定了比赛组织进行的成功与否，影响着运动员在比赛中成绩的发挥，因此做好裁判员的培训及考核工作显得尤为重要。同时，为适应竞赛组织和裁判设备的现代化和裁判工作的发展需要，每两年国际田联对《田径竞赛规则》都作局部的修改补充，我国作为国际田联的会员国之一，在田径比赛中严格执行《田径竞赛规则》有关规定，及时组织专家进行翻译修改公布。为推动我国田径运动的发展和田径竞赛组织裁判水平的提高，促进年轻一代裁判员的成长，中国田协每两年组织全国田径裁判员晋升国家级等级考试，各省市、地区等基层单位也组织各等级的裁判员晋级考试，不断地培养出新一代的裁判员，推动着我国田径竞赛裁判水平的提高，也促进我国田径运动水平的提高。

如何更好地进行报考田径等级裁判员的准备工作，并能确实达到提高裁判员的工作水平呢？我国有关报考田径等级裁判员的资格规定，如报考二级裁判员等级考试，至少要参加 5 次以上的田径裁判工作；报考一级裁判员等级考试，需在获得二级裁判员等级证书一年以后，并在一年中参加了 7 次以上的不同等级比赛的裁判工作和具备领导一个裁判组进行裁判工作的能力；报考国家级裁判员的等级考试的裁判员，需在获得一级田径裁判员等级证书 5 年以后，参加了各种等级的田径比赛裁判工作，并具备领导大中小型田径比赛裁判工作的能力。因此除学习《田径竞赛规则》以外，在准备报考田径裁判等级考试时，应积极参加各种裁判工作，通过实践，积累裁判经验和处理各种突发事件的能力，使学习真正达到提高裁判水平的目的。

在准备考试的过程中，每人都有自己的方法，但其中几个原则性问题应加以注意。

第一，精通《田径竞赛规则》。

《田径竞赛规则》是进行裁判工作的准则，因此熟读牢记规则是准备考试的基本方法，也是衡量完成裁判实际工作的准绳。同时，由于规则中不可能包含所有可能发生的突发事件、偶发事件的处理规定，因此即使具有经验的裁判员对出现的特殊问题的理解和处理，也会产生不同的观点。解决这些分歧的原则是："规则的精神是什么"，要区别有意和无意，有利和无利，是轻微还是严重犯规，本着实事求是的态度来处理，因此，作为一名合格的裁判员，首先就是要精通竞赛规则，深刻理解规则。这也是保证顺利通过考核的最直接途径。

第二，理论联系实际地进行准备，是进行考试准备工作的有效途径。

田径裁判员等级考试实际上是对考试参加者裁判能力的一种书面考核方式，因此，在学习规则的基础上，加强实践经验的积累是提高理论学习的有效途径。如：通过实际工作就能很好地掌握每个裁判组工作程序、职责、人员设置及分工和场地器材的有关要求，使书面的条例成为系统的处理实际问题的能力，在此基础上，经过理论学习的系统化及条理化，就能很快地全面掌握各项内容，从而减少了准备时间，提高了效率。

第三，掌握基本概念是正确理解规则的基础。

## 260. 报考田径等级裁判员的一般程序是什么？

答：在准备考试工作中，每人应根据个人自身的情况和裁判经历，确定准备步骤。如初学者可以根据报考的一般程序进行准备；而具有丰富的实践经验和一定等级时，可以先通过模拟试题的练习检查个人的水平，再根据成绩制定后续准备计划。在群体性准备的后阶段，采用相互提问的方式，对提高复习兴趣、拓宽复习面、防止出现遗漏点具有有效的作用。

　　报考等级裁判员的一般准备工作程序如图 8.1 所示，供参考。

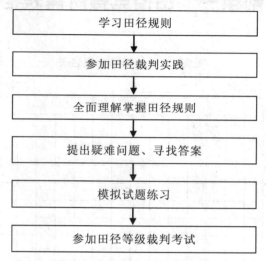

**图 8.1　报考田径等级裁判员的一般准备程序**

# 附录一  田径竞赛所需表格

附表 1 ＿＿＿＿运动会报名表

单位编号＿＿单位名称＿＿＿＿组别＿＿＿＿＿＿                  领队＿＿＿＿＿教练

| 序号 | 会编号码 | 姓名 | 出生年月 | 身高 | 体重 | 径赛项目 | | | | 田赛项目 | | | 全能 | | 备注 |
|---|---|---|---|---|---|---|---|---|---|---|---|---|---|---|---|
| | | | | | | 100米 | 200米 | ┇ | ┇ | 跳高 | ┇ | ┇ | 十项 | ┇ | |
| | | | | | | | | | | | | | | | |
| | | | | | | | | | | | | | | | |
| | | | | | | | | | | | | | | | |
| ┇ | | | | | | | | | | | | | | | |

注：1. 单位编号和会编号码由大会统一填写。　　　　　　报名单位盖章
　　2. 在参加项目格内划"√"，并注明成绩。　　　　　医务部门盖章
　　　　　　　　　　　　　　　　　　　　　　　　　　　　年　月　日

附表 2　各单位参加人数统计表

| 单位编号 | 单位 | 运动员起止号码 | 运动员 | | | | | | 合计 | 工作人员 | | | | | 总计 | 备注 |
|---|---|---|---|---|---|---|---|---|---|---|---|---|---|---|---|---|
| | | | 男子 | 女子 | 少男 | 少女 | 小计 | | | 领队 | 教练 | 队医 | 管理 | 合计 | | |
| | | | | | | | 男 | 女 | | | | | | | | |
| | | | | | | | | | | | | | | | | |
| | | | | | | | | | | | | | | | | |
| | | | | | | | | | | | | | | | | |
| ┇ | | | | | | | | | | | | | | | | |

### 附表 3 各项参加人数统计表

| 单位 \ 参加人数 \ 项目 | | 径赛 | | | | 田赛 | | | | 全能 | | 备注 |
|---|---|---|---|---|---|---|---|---|---|---|---|---|
| | | 100米 | | | …… | 跳高 | | | …… | 十项 | …… | |
| 北京 | 男 | | | | | | | | | | | |
| | 女 | | | | | | | | | | | |
| …… | | | | | | | | | | | | |
| | | | | | | | | | | | | |

### 附表 4 兼项人数统计表

| 兼项项目 \ 项目 | 100 米 | 200 米 | 400 米 | | | …… |
|---|---|---|---|---|---|---|
| 100 米 | | 正正 | | | | …… |
| 200 米 | 正正 | | | | | |
| 400 米 | | | | | | |
| | | | | | | |
| | | | | | | |
| | | | | | | |
| …… | | | | | | |

## 附表 5  径赛成绩记录卡片

_____子组_____项目

| 号码 | 姓名 | 单位 | 最近成绩 | 全国纪录 |
|------|------|------|----------|----------|
|      |      |      |          |          |

| 赛次 | 组别 | 组次 | 竞赛成绩 | 决赛成绩 | 名次 | 备注 |
|------|------|------|----------|----------|------|------|
| 预 |  |  |  |  |  |  |
| 复 |  |  |  |  |  |  |
| 决 |  |  |  |  |  |  |

径赛裁判长_____计时裁判长_____    计时员____、____、____        年  月  日

## 附表 6  接力跑成绩记录卡片

_____子组          _____米接力                          第____组

| 单位 |  |  | 最近成绩 |  |  |  |
|------|--|--|----------|--|--|--|
| 棒次 | 第1棒 |  | 第2棒 |  | 第3棒 | 第4棒 |
| 号码 |  |  |  |  |  |  |

| 赛次 | 组别 | 道次 | 竞赛成绩 | 决赛成绩 | 名次 | 备注 |
|------|------|------|----------|----------|------|------|
| 预 |  |  |  |  |  |  |
| 决 |  |  |  |  |  |  |

径赛裁判长_____计时裁判长_____    计时员____、____、____        年  月  日

## 附表 7　十项全能成绩记录卡片（正面）

| 号码 | 姓名 | 单位 | 报名成绩 | 全国纪录 |
|---|---|---|---|---|
|  |  |  |  |  |

| 天数 | 项目 | 竞赛成绩 | | 每天积分 | 总分 | 名次 | 备注 |
|---|---|---|---|---|---|---|---|
|  |  | 成绩 | 得分 |  |  |  |  |
| 第一天 | 100 米 |  |  |  |  |  |  |
|  | 跳远 |  |  |  |  |  |  |
|  | 铅球 |  |  |  |  |  |  |
|  | 跳高 |  |  |  |  |  |  |
|  | 400 米 |  |  |  |  |  |  |
| 第二天 | 110 米栏 |  |  |  |  |  |  |
|  | 铁饼 |  |  |  |  |  |  |
|  | 撑竿跳高 |  |  |  |  |  |  |
|  | 标枪 |  |  |  |  |  |  |
|  | 1 500 米 |  |  |  |  |  |  |

全能裁判长＿＿＿　　技术官员＿＿＿　　记录员

年　月　日

## 附表 8　十项全能各单项成绩记录卡片（背面）

| 号码 | | | 姓名 | |  |
|---|---|---|---|---|---|
| 项目 | 竞赛成绩 | 决赛成绩 | 项目 | 竞赛成绩 | 决赛成绩 |
| 跳　远 |  |  | 100 米 |  |  |
|  |  |  |  |  |  |
| 铅　球 |  |  | 400 米 |  |  |
|  |  |  |  |  |  |

**续附表 8**

| 号码 | | | 姓名 | | |
|---|---|---|---|---|---|
| 项目 | 竞赛成绩 | 决赛成绩 | 项目 | 竞赛成绩 | 决赛成绩 |
| 铁 饼 | | | 110 米栏 | | |
| 标 枪 | | | 1 500 米 | | |
| 跳 高 | | | | | |
| 撑竿跳高 | | | | | |

**附表 9　女子七项全能成绩记录卡片（正面）**

| 号码 | | 姓名 | | 单位 | | 报名成绩 | 全国纪录 |
|---|---|---|---|---|---|---|---|
| 天数 | 项目 | 竞赛成绩 | | 每天积分 | 总分 | 名次 | 备注 |
| | | 成绩 | 得分 | | | | |
| 第一天 | 100 米栏 | | | | | | |
| | 跳高 | | | | | | |
| | 铅球 | | | | | | |
| | 200 米 | | | | | | |
| 第二天 | 跳远 | | | | | | |
| | 标枪 | | | | | | |
| | 800 米 | | | | | | |

全能裁判长＿＿＿　技术官员＿＿＿　记录员＿＿＿

年　月　日

### 附表 10　女子七项全能各单项成绩记录卡片（背面）

| 号码 | | | 姓名 | | |
|---|---|---|---|---|---|
| 项目 | 竞赛成绩 | 决赛成绩 | 项目 | 竞赛成绩 | 决赛成绩 |
| 铅球 | | | 100 栏 | | |
| | | | | | |
| 跳远 | | | 200 米 | | |
| | | | | | |
| 标枪 | | | 800 米 | | |
| | | | | | |
| 跳高 | | | | | |

### 附表 11　田赛高度成绩记录表

____子组　　项目____　　共____人　　取____名

| 成绩 高度 记 录 号码　姓名　单位 | | | | | | 成绩 | 备注 |
|---|---|---|---|---|---|---|---|
| | | | | | | | |
| | | | | | | | |
| | | | | | | | |
| | | | | | | | |
| | | | | | | | |
| | | | | | | | |
| ⋮ | | | | | | | |

**续附表 11**

| 名次 | 第一名 | 第二名 | 第三名 | 第四名 | 第五名 | 第六名 | 第七名 | 第八名 |
|---|---|---|---|---|---|---|---|---|
| 号码 | | | | | | | | |
| 姓名 | | | | | | | | |
| 单位 | | | | | | | | |
| 成绩 | | | | | | | | |

田赛裁判长____    田赛主裁判____    技术官员____    记录员____

年　月　日

**附表 12　田赛远度成绩记录表**

____子组　　　项目____　　　共____人　　　取____名

| 号码 姓名 单位 成绩 次数 | 前三次 | | | | 后三次 | | | | 全赛最佳成绩 | 名次 | 备注 |
|---|---|---|---|---|---|---|---|---|---|---|---|
| | 第一次 | 第二次 | 第三次 | 最佳成绩 | 第一次 | 第二次 | 第三次 | 最佳成绩 | | | |
| | | | | | | | | | | | |
| | | | | | | | | | | | |
| | | | | | | | | | | | |
| | | | | | | | | | | | |
| | | | | | | | | | | | |
| …… | | | | | | | | | | | |

| 名次 | 第一名 | 第二名 | 第三名 | 第四名 | 第五名 | 第六名 | 第七名 | 第八名 |
|---|---|---|---|---|---|---|---|---|
| 号码 | | | | | | | | |
| 姓名 | | | | | | | | |
| 单位 | | | | | | | | |
| 成绩 | | | | | | | | |

田赛裁判长____    田赛主裁判____    技术官员____    记录员____

年　月　日

## 附表 13　径赛分组计划表

| 项目 | 参加人数 | 预赛 | | | 复赛 | | | 决赛 | | | 备注 |
|---|---|---|---|---|---|---|---|---|---|---|---|
| | | 组数 | 共计时间 | 录取人数 | 组数 | 共计时间 | 录取人数 | 组数 | 共计时间 | 录取人数 | |
| | | | | | | | | | | | |
| | | | | | | | | | | | |
| | | | | | | | | | | | |
| | | | | | | | | | | | |
| ┊ | | | | | | | | | | | |

## 附表 14　各代表队名单格式

_____代表队　　　　号码：001～040

领队：×××

教练员：×××　　　×××

工作人员：×××　　　×××

男子组

001　×××　　002　×××　　003　×××　　……

女子组

020　×××　　021　×××　　023　×××　　……

## 附表 15 ____运动会总成绩及团体总分记录表

组别

| 总成绩 | | | | | | | 项目 | 团体总分 | | | | | 总累积分 | 破纪录人次 | 健将人次 | 其他 |
|---|---|---|---|---|---|---|---|---|---|---|---|---|---|---|---|---|
| 名次 | 一 | 二 | 三 | 四 | 五 | 六 | | 北京 | 上海 | | | …… | | | | |
| 姓名单位成绩 | | | | | | | 100 米 | | | | | | | | | |
| | | | | | | | | | | | | | | | | |
| | | | | | | | | | | | | | | | | |
| | | | | | | | | | | | | | | | | |
| …… | | | | | | | | | | | | | | | | |
| 备注 | | | | | | | 总计 | 单位总分 | | | | | | | | |
| | | | | | | | | 破纪录人数 | | | | | | | | |
| | | | | | | | | 第一名人次 | | | | | | | | |
| | | | | | | | | 总名次 | | | | | | | | |

142

## 附表 16　计时存查表

第_____单元　第____道

| 序 | 项目 | 组别 | 赛次 | 比赛成绩 | | | 决赛成绩 | 误差 | | | | 与电动计时比较 | 备注 |
|---|---|---|---|---|---|---|---|---|---|---|---|---|---|
| | | | | 一表 | 二表 | 三表 | | 一致 | 0.1 | 0.2 | 0.3 | | |
| | | | | | | | | | | | | | |
| | | | | | | | | | | | | | |
| | | | | | | | | | | | | | |
| ⋮ | | | | | | | | | | | | | |
| 单元统计 | 共_____次 | | | | | | | | | | | | |
| | 一致 ____次　____% | | | | | | | | | | | | |
| | 差0.1 ____次　____% | | | | | | | | | | | | |
| | 差0.2 ____次　____% | | | | | | | | | | | | |

计时计圈员_____　　　　　　　　　　　年　月　日

## 附表 17　_____子 5 000 米分段计时记圈表

第_____组　　　小号码_____

| 停表次数 | 已跑圈 | 已跑米 | 成绩 | 剩余圈 | 计分段成绩地点 |
|---|---|---|---|---|---|
| 1 | 0.5 | 200 | | 12 | |
| 2 | 1.5 | 600 | | 11 | |
| 3 | 2.5 | 1 000* | | 10 | 终　点 |
| 4 | 3.5 | 1 400 | | 9 | |
| 5 | 4.5 | 1 800 | | 8 | |
| 6 | 5 | 2 000* | | 7.5 | 200 米起点 |
| 7 | 5.5 | 2 200 | | 7 | |
| 8 | 6.5 | 2 600 | | 6 | |

**续附表 17**

| 停表次数 | 已跑圈 | 已跑米 | 成绩 | 剩余圈 | 计分段成绩地点 |
|---|---|---|---|---|---|
| 9 | 7.5 | 3 000 * | | 5 | 终点 |
| 10 | 8.5 | 3 400 | | 4 | |
| 11 | 9.5 | 3 800 | | 3 | |
| 12 | 10 | 4 000 * | | 2.5 | 200 米起点 |
| 13 | 10.5 | 4 200 | | 2 | |
| 14 | 11.5 | 4 600 | | 1 | |
| 15 | 12.5 | 5 000 * | | 0 | 终点 |

计时记圈员_____                                          年    月    日

## 附表 18    ___子 10 000 米分段计时记圈表

第_____组          小号码_____

| 停表次数 | 已跑圈 | 已跑米 | 成绩 | 剩余圈 | 计分段成绩地点 |
|---|---|---|---|---|---|
| 1 | 1 | 400 | | 24 | |
| 2 | 2 | 800 | | 23 | |
| 3 | 2.5 | 1 000 * | | 22.5 | 200 米起点 |
| 4 | 3 | 1 200 | | 22 | |
| 5 | 4 | 1 600 | | 21 | |
| 6 | 5 | 2 000 * | | 20 | 终点 |
| 7 | 6 | 2 400 | | 19 | |
| 8 | 7 | 2 800 | | 18 | |
| 9 | 7.5 | 3 000 * | | 17.5 | 200 米起点 |
| 10 | 8 | 3 200 | | 17 | |
| 11 | 9 | 3 600 | | 16 | |
| 12 | 10 | 4 000 * | | 15 | 终点 |
| 13 | 11 | 4 400 | | 14 | |

续附表 18

| 停表次数 | 已跑圈 | 已跑米 | 成绩 | 剩余圈 | 计分段成绩地点 |
|---|---|---|---|---|---|
| 14 | 12 | 4 800 | | 13 | |
| 15 | 12.5 | 5 000＊ | | 12.5 | 200 米起点 |
| 16 | 13 | 5 200 | | 12 | |
| 17 | 14 | 5 600 | | 11 | |
| 18 | 15 | 6 000＊ | | 10 | 终　点 |
| 19 | 16 | 6 400 | | 9 | |
| 20 | 17 | 6 800 | | 8 | |
| 21 | 17.5 | 7 000＊ | | 7.5 | 200 米起点 |
| 22 | 18 | 7 200 | | 7 | |
| 23 | 19 | 7 600 | | 6 | |
| 24 | 20 | 8 000＊ | | 5 | 终　点 |
| 25 | 21 | 8 400 | | 4 | |
| 26 | 22 | 8 800 | | 3 | |
| 27 | 22.5 | 9 000＊ | | 2.5 | 200 米起点 |
| 28 | 23 | 9 200 | | 2 | |
| 29 | 24 | 9 600 | | 1 | |
| 30 | 25 | 10 000＊ | | 0 | 终　点 |

计时记圈员_____　　　　　　　　　　　　　　　年　月　日

### 附表 19　5 000 米每圈和每 1 000 米领先运动员计时记圈表

_____子组　　　　　第_____组

| 停表次数 | 已跑圈 | 已跑米 | 号码 | 成绩 | 剩余量 | 计每 1 000 米成绩地点 |
|---|---|---|---|---|---|---|
| 1 | 0.5 | 200 | | | 12 | |
| 2 | 1.5 | 600 | | | 11 | |

**续附表 19**

| 停表次数 | 已跑圈 | 已跑米 | 号码 | 成绩 | 剩余量 | 计每 1 000 米成绩地点 |
|---|---|---|---|---|---|---|
| 3 | 2.5 | 1 000* | | | 10 | 终点 |
| 4 | 3.5 | 1 400 | | | 9 | |
| 5 | 4.5 | 1 800 | | | 8 | |
| 6 | 5 | 2 000* | | | 7.5 | 200 米起点 |
| 7 | 5.5 | 2 200 | | | 7 | |
| 8 | 6.5 | 2 600 | | | 6 | |
| 9 | 7.5 | 3 000* | | | 5 | 终点 |
| 10 | 8.5 | 3 400 | | | 4 | |
| 11 | 9.5 | 3 800 | | | 3 | |
| 12 | 10 | 4 000* | | | 2.5 | 200 米起点 |
| 13 | 10.5 | 4 200 | | | 2 | |
| 14 | 11.5 | 4 600 | | | 1 | |
| 15 | 12.5 | 5 000* | | | 0 | 终点 |

计时记圈员＿＿＿＿＿　　　　　　　　　　　年　月　日

**附表 20　10 000 米每圈和每 1 000 米领先运动员计时记圈表**

＿＿＿＿子组　　　第＿＿＿＿组

| 停表次数 | 已跑圈 | 已跑米 | 号码 | 成绩 | 剩余圈 | 计每 1 000 米成绩地点 |
|---|---|---|---|---|---|---|
| 1 | 1 | 400 | | | 24 | |
| 2 | 2 | 800 | | | 23 | |
| 3 | 2.5 | 1 000* | | | 22.5 | 200 米起点 |
| 4 | 3 | 1 200 | | | 22 | |
| 5 | 4 | 1 600 | | | 21 | |

续附表 20

| 停表次数 | 已跑圈 | 已跑米 | 号码 | 成绩 | 剩余圈 | 计每 1 000 米成绩地点 |
|---|---|---|---|---|---|---|
| 6 | 5 | 2 000 * | | | 20 | 终点 |
| 7 | 6 | 2 400 | | | 19 | |
| 8 | 7 | 2 800 | | | 18 | |
| 9 | 7.5 | 3 000 * | | | 17.5 | 200 米起点 |
| 10 | 8 | 3 400 | | | 17 | |
| 11 | 9 | 3 800 | | | 16 | |
| 12 | 10 | 4 000 * | | | 15 | 终点 |
| 13 | 11 | 4 400 | | | 14 | |
| 14 | 12 | 4 800 | | | 13 | |
| 15 | 12.5 | 5 000 * | | | 12.5 | 200 米起点 |
| 16 | 13 | 5 400 | | | 12 | |
| 17 | 14 | 5 800 | | | 11 | |
| 18 | 15 | 6 000 * | | | 10 | 终点 |
| 19 | 16 | 6 400 | | | 9 | |
| 20 | 17 | 6 800 | | | 8 | |
| 21 | 17.5 | 7 000 * | | | 7.5 | 200 米起点 |
| 22 | 18 | 7 200 | | | 7 | |
| 23 | 19 | 7 600 | | | 6 | |
| 24 | 20 | 8 000 * | | | 5 | 终点 |
| 25 | 21 | 8 400 | | | 4 | |
| 26 | 22 | 8 800 | | | 3 | |
| 27 | 22.5 | 9 000 * | | | 2.5 | 200 米起点 |
| 28 | 23 | 9 200 | | | 2 | |
| 29 | 24 | 9 600 | | | 1 | |
| 30 | 25 | 10 000 * | | | 0 | 终点 |

计时记圈员_____

年　月　日

### 附表 21　3000 米障碍跑（水池在北弯道内）计时记圈表

第_____组　　　小号码_____

| 停表次数 | 已跑圈 | 已跑米 | 成绩 | 剩余圈 | 1 000 米位置 2 000 米 |
|---|---|---|---|---|---|
| 1 | 0.27 | 270 | | 7 | |
| 2 | 1.27 | 660 | | 6 | |
| 3 | | 1 000 * | | | 终点线后 50 米处 |
| 4 | 2.27 | 1 050 | | 5 | |
| 5 | 3.27 | 1 440 | | 4 | |
| 6 | 4.27 | 1 830 | | 3 | |
| 7 | | 2 000 * | | | 200 米起点线后 30 米处 |
| 8 | 5.27 | 2 200 | | 2 | |
| 9 | 6.27 | 2 610 | | 1 | |
| 10 | 7.27 | 3 000 * | | 0 | |

计时记圈员_____　　　　　　　　　　　　　　　年　月　日

### 附表 22　3 000 米障碍跑（水池在北弯道外）计时记圈表

第_____组　　　小号码_____

| 停表次数 | 已跑圈 | 已跑米 | 成绩 | 剩余圈 | 1 000 米位置 2 000 米 |
|---|---|---|---|---|---|
| 1 | | 53 | | 7 | |
| 2 | 1 | 474 | | 6 | |
| 3 | 2 | 895 | | 6 | |
| 4 | | 1 000 * | | 5 | 第二分界线后 15 米处 |
| 5 | 3 | 1 316 | | 4 | |
| 6 | 4 | 1 737 | | 3 | |
| 7 | | 2 000 * | | | 北弯道中轴线西侧 3 米处 |
| 8 | 5 | 2 158 | | 2 | |
| 9 | 6 | 2 579 | | 1 | |
| 10 | 7 | 3 000 * | | 0 | |

计时记圈员_____　　　　　　　　　　　　　　　年　月　日

### 附表 23　竞走判罚记录表

_____子组　第_____项目_____米

| 序 | 犯规运动员号码 | 白卡 | | 红卡 | | 备注 |
|---|---|---|---|---|---|---|
| | | M | < | M | < | |
| 1 | 5 | 8：33 | ... | 8：42 | | |
| | | | | | | |
| | | | | | | |
| | | | | | | |
| | | | | | | |
| | | | | | | |
| | | | | | | |
| | | | | | | |
| | | | | | | |
| ...... | | | | | | |

裁判员编号_____　　　　　　　　　　　　　　　　　　　　年　月　日

### 附表 24　_____子 10 000 米竞走计时记圈表（第_____组）

| 已走圈　　　号码　　　已走米 | | | 余圈 |
|---|---|---|---|
| 1 | 400 | | 24 |
| 2 | 800 | | 23 |
| 3 | 1 200 | | 22 |
| 4 | 1 600 | | 21 |
| 5 | 2 000 | | 20 |
| 6 | 2 400 | | 19 |

## 续附表 24

| 已走圈 / 已走米 | 号码 | | | 余圈 |
|---|---|---|---|---|
| 7 | 2 800 | | | 18 |
| 8 | 3 200 | | | 17 |
| 9 | 3 600 | | | 16 |
| 10 | 4 000 | | | 15 |
| 11 | 4 400 | | | 14 |
| 12 | 4 800 | | | 13 |
| 13 | 5 200 | | | 12 |
| 14 | 5 600 | | | 11 |
| 15 | 6 000 | | | 10 |
| 16 | 6 400 | | | 9 |
| 17 | 6 800 | | | 8 |
| 18 | 7 200 | | | 7 |
| 19 | 7 600 | | | 6 |
| 20 | 8 000 | | | 5 |
| 21 | 8 400 | | | 4 |
| 22 | 8 800 | | | 3 |
| 23 | 9 200 | | | 2 |
| 24 | 9 600 | | | 1 |
| 25 | 10 000 | | | 0 |
| 名　次 | | | | |

计时记圈员_____                                年　月　日

### 附表 25 ____子 20 000 米竞走计时记圈表（第____组）

| 已走圈 | 号码<br>已走米 | | | 余圈 | 已走圈 | 号码<br>已走米 | | | 余圈 |
|---|---|---|---|---|---|---|---|---|---|
| 1 | 400 | | | 49 | 26 | 10 400 | | | 24 |
| 2 | 800 | | | 48 | 27 | 10 800 | | | 23 |
| 3 | 1 200 | | | 47 | 28 | 11 200 | | | 22 |
| 4 | 1 600 | | | 46 | 29 | 11 600 | | | 21 |
| 5 | 2 000 | | | 45 | 30 | 12 000 | | | 20 |
| 6 | 2 400 | | | 44 | 31 | 12 400 | | | 19 |
| 7 | 2 800 | | | 43 | 32 | 12 800 | | | 18 |
| 8 | 3 200 | | | 42 | 33 | 13 200 | | | 17 |
| 9 | 3 600 | | | 41 | 34 | 13 600 | | | 16 |
| 10 | 4 000 | | | 40 | 35 | 14 000 | | | 15 |
| 11 | 4 400 | | | 39 | 36 | 14 400 | | | 14 |
| 12 | 4 800 | | | 38 | 37 | 14 800 | | | 13 |
| 13 | 5 200 | | | 37 | 38 | 15 200 | | | 12 |
| 14 | 5 600 | | | 36 | 39 | 15 600 | | | 11 |
| 15 | 6 000 | | | 35 | 40 | 16 000 | | | 10 |
| 16 | 6 400 | | | 34 | 41 | 16 400 | | | 9 |
| 17 | 6 800 | | | 33 | 42 | 16 800 | | | 8 |
| 18 | 7 200 | | | 32 | 43 | 17 200 | | | 7 |
| 19 | 7 600 | | | 31 | 44 | 17 600 | | | 6 |
| 20 | 8 000 | | | 30 | 45 | 18 000 | | | 5 |
| 21 | 8 400 | | | 29 | 46 | 18 400 | | | 4 |
| 22 | 8 800 | | | 28 | 47 | 18 800 | | | 3 |
| 23 | 9 200 | | | 27 | 48 | 19 200 | | | 2 |
| 24 | 9 600 | | | 26 | 49 | 19 600 | | | 1 |
| 25 | 10 000 | | | 25 | 50 | 20 000 | | | 0 |

计时记圈员_____　　　　　　　　　　名次

年　月　日

## 附表 26 男子 50 公里竞走计时记圈表（第____组）

| 已走圈 ／号码 ／已走公里 | | | | | | 余圈 |
|---|---|---|---|---|---|---|
| 1 | | | | | | 24 |
| 2 | | | | | | 23 |
| 3 | | | | | | 22 |
| 4 | | | | | | 21 |
| 5 | 10 | | | | | 20 |
| 6 | | | | | | 19 |
| 7 | | | | | | 18 |
| 8 | | | | | | 17 |
| 9 | | | | | | 16 |
| 10 | 20 | | | | | 15 |
| 11 | | | | | | 14 |
| 12 | | | | | | 13 |
| 13 | | | | | | 12 |
| 14 | | | | | | 11 |
| 15 | 30 | | | | | 10 |
| 16 | | | | | | 9 |
| 17 | | | | | | 8 |
| 18 | | | | | | 7 |
| 19 | | | | | | 6 |
| 20 | 40 | | | | | 5 |
| 21 | | | | | | 4 |
| 22 | | | | | | 3 |
| 23 | | | | | | 2 |
| 24 | | | | | | 1 |
| 25 | 50 | | | | | 0 |
| 名 次 | | | | | | |

计时记圈员____                                    年　月　日

### 附表 27　径赛风速记录表

| 项 目 | 赛 次 | 组 次 | 风 向 | 测定时间 | 风速米数 | 平均风速 | 备 注 |
|---|---|---|---|---|---|---|---|
| | | | | | | | |
| | | | | | | | |
| | | | | | | | |
| | | | | | | | |
| | | | | | | | |
| | | | | | | | |
| | | | | | | | |
| ⋮ | | | | | | | |

风速测量员_____ 　　　　　　　　　　　　　　　　年　月　日

### 附表 28　田赛风速记录表

组别_____ 　　　项目_____

| 平均风速　运动员号码　试跳次数 | 第一次 | 第二次 | 第三次 | 第四次 | 第五次 | 第六次 | 备　注 |
|---|---|---|---|---|---|---|---|
| | | | | | | | |
| | | | | | | | |
| | | | | | | | |
| | | | | | | | |
| | | | | | | | |
| | | | | | | | |
| ⋮ | | | | | | | |

风速测量员_____ 　　　　　　　　　　　　　　　　年　月　日

### 附表 29　女子七项全能检录时间表

| 日　　期 | 第一天（　　月　　日） | | 第二天（　　月　　日） | |
|---|---|---|---|---|
| 单　　元 | 上午 | 下午 | 上午 | 下午 |
| 项　　目 | 100 米栏　跳高 | 铅球　200 米 | 跳远　标枪 | 800 米 |
| 检录时间 | 7∶30 | | | |
| 比赛时间 | 8∶00 | | | |

### 附表 30　女子七项全能成绩总记录表

| 号码 | 姓名 | 单位 | 项　目 | | | | | | | 总分 | 名次 | 备注 |
|---|---|---|---|---|---|---|---|---|---|---|---|---|
| | | | 110 米栏 | 跳高 | 铅球 | 200 米 | 跳远 | 标枪 | 800 米 | | | |
| 002 | 王×× | 四川 | 14.50 | 1.70 米 | 12 米 | 24.39 | 5.90 米 | 45.32 | 2∶31.96 | 5 627 | 1 | |
| | | | 909 | 855 | 611 | 944 | 819 | 770 | 669 | | | |
| | | | 909 | 1 764 | 2 425 | 3 369 | 4 188 | 4 958 | 5 627 | | | |
| …… | | | | | | | | | | | | |

记录员_____、_____　　　　　　　　　　　　　　　　年　　月　　日

# 附录二　田径竞赛常用英语词汇

| | |
|---|---|
| additional competition | 附加赛 |
| additional trail | 附加试跳、掷 |
| age group | 年龄组 |
| aggregate score | 累积分 |
| announcement of results | 成绩宣告 |
| announcer | 宣告员 |
| apparatus | 器材 |
| approach | 助跑 |
| arc | 投掷弧 |
| assembly line | 集合线 |
| athlete | 田径运动员 |
| athletes' lounge | 运动员休息室 |
| athletic association | 田径协会 |
| baton | 接力棒 |
| bend | 弯道 |
| board of competition | 竞赛委员会 |
| bronze medal | 铜牌 |
| bulletin board | 公告栏 |
| cage | 护笼 |
| call room judge | 检录裁判员 |
| centre of the circle | 投掷圈圆心 |
| championship | 锦标赛 |
| check in | 检录 |

| | |
|---|---|
| chief judge | 主裁判 |
| circle | 投掷圈 |
| clear the bar | 越过横竿 |
| closing ceremony | 闭幕式 |
| clothing | 服装 |
| combined event | 全能 |
| competition order | 比赛顺序 |
| competition information | 竞赛须知 |
| competition site | 比赛场地 |
| competitor | 参赛者 |
| course | 比赛路线 |
| croach start | 蹲距式起跑 |
| cross country running | 越野跑 |
| cross-bar | 横杆 |
| curve | 弯道 |
| date of entrance | 报名日期 |
| decathlon | 十项全能 |
| delay | 延误 |
| delivery | 最后用力 |
| discus throw | 掷铁饼 |
| disqualification | 取消比赛资格（名词） |
| disqualify | 取消比赛资格（动词） |
| distance between hurdles | 栏间距离 |
| doping | 兴奋剂 |
| doping control | 兴奋剂检查 |
| draw for order | 道次抽签 |
| drawing by lot | 抽签 |
| drinking station | 饮水站 |
| each lap | 每圈 |
| echelon start | 梯形起跑 |

| | |
|---|---|
| eliminate | 淘汰 |
| entry | 报名 |
| entry form | 报名表 |
| entry standards | 报名标准 |
| equipment | 设备 |
| false start | 起跑犯规 |
| field events | 田赛项目 |
| final | 决赛 |
| final place | 决赛名次 |
| final results | 决赛成绩 |
| finalist | 决赛者 |
| finish line | 终点线 |
| first grade judge | 一级裁判员 |
| first leg | 第一棒 |
| first place | 第一名 |
| forgo | 弃权 |
| fresh start | 重新起跑 |
| fully automatic timing | 全自动计时 |
| glide | 滑步 |
| gold medal | 金牌 |
| grand prix meeting | 大奖赛 |
| grip | 把手 |
| gun | 发令枪 |
| hammer grip | 链球把手 |
| hammer head | 链球球体 |
| hammer throw | 掷链球 |
| hammer wire | 链球链子 |
| hand timing | 手计时 |
| head of javelin | 标枪头 |
| heat | 组次 |

| | |
|---|---|
| heats | 分组赛 |
| height of hurdle | 栏高 |
| heptathlon | 七项全能 |
| high jump | 跳高 |
| hurdle race | 跨栏赛跑 |
| IAAF | 国际业余田径联合会 |
| indoor athletic competition | 室内田径赛 |
| inner edge | 内沿 |
| invalid | 无效 |
| iron band | 铁圈 |
| javelin throw | 掷标枪 |
| jostle | 冲撞 |
| judge | 裁判员 |
| jump | 跳跃 |
| jumping standards | 跳高架 |
| junior men | 青年男子 |
| junior women | 青年女子 |
| kerb | 突沿 |
| landing area | 落地区 |
| landing sector | 扇形落地区 |
| lane | 分道 |
| lane order | 道次 |
| lap | 圈 |
| lap scorer | 记圈员 |
| long jump | 跳远 |
| loss of contact | 腾空 |
| marathon | 马拉松 |
| marching in | 入场 |
| marching out | 退场 |
| marker | 助跑标志 |

| | |
|---|---|
| measurement judge | 测量裁判员 |
| middle distance runing | 中长跑 |
| national judge | 国家级裁判员 |
| number | 号码 |
| obstruct | 阻碍 |
| offend | 犯规 |
| official record | 正式记录 |
| official time | 正式成绩 |
| Olympic games | 奥运会 |
| on your makers | 各就位 |
| opening ceremony | 开幕式 |
| organizing committee | 组委会 |
| performance | 成绩 |
| photo-finish camera | 终点摄影机 |
| photo-finish judge | 终点摄影计时裁判员 |
| place | 名次 |
| plasticine indicator board | 橡皮泥显示板 |
| pole vault | 撑竿跳高 |
| preliminary round | 预赛 |
| programme | 秩序册 |
| protest | 抗议 |
| qualifying round | 及格赛 |
| qualifying competition | 及格赛 |
| qualifying standard | 及格标准 |
| race walking | 竞走 |
| ranking | 名次排列 |
| reaction times | 起跑反应时 |
| recaller | 召回发令员 |
| record | 记录 |
| recorder | 记录员 |

| recovery | 缓冲动作 |
| referee | 裁判长 |
| referee for field events | 田赛裁判长 |
| referee for track events | 径赛裁判长 |
| relay team | 接力队 |
| release | 出手 |
| road race | 公路赛跑 |
| round | 赛次、轮次 |
| round2，heat3 | 次赛第 3 组 |
| rule | 规则 |
| run up | 助跑 |
| running in lanes | 分道跑 |
| running shoes | 跑鞋 |
| runway | 助跑道 |
| scoring tables | 全能评分表 |
| second place | 第二名 |
| semifinal | 半决赛、复赛 |
| set | 预备 |
| shaft of javelin | 枪身 |
| shot | 铅球 |
| shot put | 推铅球 |
| silver medal | 银牌 |
| simultaneous entries | 兼项 |
| spike | 鞋钉 |
| sponging station | 用水站 |
| sprint | 短跑 |
| stadium | 运动场 |
| standing start | 站立式起跑 |
| start lists | 检录单 |
| starter | 发令员 |

| | |
|---|---|
| starter's assistant | 助理发令员 |
| starting apparatus | 发令器材 |
| starting blocks | 起跑器 |
| starting height | 起跳高度 |
| starting line | 起跑线 |
| starting signal | 起跑信号 |
| steeplechase | 障碍跑 |
| stop board | 抵趾板 |
| straight | 直道 |
| synthetic track | 塑胶跑道 |
| tail of javelin | 标枪尾 |
| take off | 起跳 |
| take off line | 起跳线 |
| take off area | 起跳区 |
| take off board | 起跳板 |
| take over zone | 接力区 |
| technical delegate | 技术代表 |
| technical official | 技术官员 |
| technical regulations of the competition | 竞赛规程 |
| the lapped competitior | 被超圈运动员 |
| the last lap | 最后一圈 |
| the third place | 第三名 |
| throw | 投掷 |
| tie | 名次相等 |
| time limit | 时限 |
| time scale | 时标 |
| timekeeper | 计时员 |
| timetable of events | 比赛日程 |
| timing device | 计时器 |
| tip of the metal head | 标枪尖 |

| | |
|---|---|
| track and field | 田径 |
| track events | 径赛项目 |
| trial | 试跳、掷 |
| triple jump | 三级跳远 |
| umpire for track events | 径赛项目检查员 |
| unreasonable delay | 无故延误 |
| uprights | 立柱 |
| valid | 有效 |
| valid throw | 有效试掷 |
| valid trial | 有效试掷、试跳 |
| vaulting box | 穴斗 |
| vaulting pole | 撑竿 |
| victory ceremony | 发奖仪式 |
| walking judge | 竞走裁判员 |
| warm up | 准备活动 |
| wind gauge | 风速仪 |
| wind gauge operator | 风速测量员 |
| wind measurement | 风速测量 |
| wind velocity | 风速 |
| world record | 世界纪录 |

# 参 考 文 献

[ 1 ]  中国田径协会. 田径竞赛规则（2010—2011 年）. 北京：人民体育出版社，2010.

[ 2 ]  王倩. 田径竞赛裁判手册. 北京：人民体育出版社，1999.

[ 3 ]  蔡宇之，孟庆生，等. 田径规则问答. 北京：人民体育出版社，1999.

# 参　考　文　献

[1] 中华人民共和国国家统计局. 中国统计年鉴 2010. 北京: 中国统计出版社, 2010.

[2] 王光远. 工程结构与系统抗震优化设计的实用方法. 北京: 中国建筑工业出版社, 1999.

[3] 李杰, 李国强. 地震工程学导论. 北京: 地震出版社, 1999.